Beiträge zur europäischen Integration
aus der FHVR Berlin

Band 3

Udo Langhoff

Die offene Methode der Koordinierung (OMK) – Chance oder Risiko für Integration und Demokratie in der Europäischen Union

Fachhochschule für Verwaltung und Rechtspflege Berlin
- University of Applied Sciences -

© Fachhochschule für Verwaltung und Rechtspflege Berlin
University of Applied Sciences, Alt-Friedrichsfelde 60, 10315 Berlin,
Telefon: (0 30) 90 21 40 05, Fax: (0 30) 90 21 40 06, www.FHVR-Berlin.de

Alle Rechte, auch die des Nachdruckes von Auszügen, der fotomechanischen Wiedergabe und der Übersetzung, vorbehalten.

Herstellung: Books on Demand GmbH, Norderstedt
Bezug durch den Buchhandel oder direkt durch:
Books on Demand GmbH, Gutenbergring 53, 22848 Norderstedt, www.bod.de

ISBN: 3-933633-97-4

Inhalt

1 Einführung

Die 90er Jahre waren in Europa die Zeit starker Umbrüche. Die Europäische Union (EU), vormals in ruhigeren Bahnen verlaufend, musste sich erheblichen neuen Herausforderungen stellen. Der Zusammenbruch Osteuropas, Globalisierung, Strukturwandel und weitere wirtschaftliche Probleme, Überalterung, Reformbedarf der Sozialsysteme und Sparzwänge sind hier einige Schlagworte. Der Europäische Rat von Lissabon im Jahre 2000 sah die EU mit einem Quantensprung konfrontiert, der aus der Globalisierung und den Herausforderungen einer neuen wissensbestimmten Wirtschaft resultiert.[1] Es handelt sich um Probleme, die alle EU-Staaten mehr oder weniger trafen und treffen und für die es in einem hochintegrierten Markt wie der EU angezeigt erscheint, gemeinsame Lösungsstrategien zu entwickeln und diese gemeinsam umzusetzen.[2] Zudem würde ein EU-weiter erfolgreicher Ansatz ein Weg sein, die EU den Bürgern näher zu bringen, anstatt sie als eine ferne Bürokratie in Brüssel zu empfinden.[3]

Doch dabei stieß und stößt man auf Grenzen. Die Probleme betrafen zum Teil Bereiche, in denen viele Mitgliedsstaaten kaum bereit sind, Souveränität an die EU-Ebene abzugeben, gerade wenn es um Fragen der Sozialpolitik geht.[4] Zudem schien auch die bisherige integrative Methoden der EU, die langwierige oft Einstimmigkeit erfordernde Einigung auf Richtlinien und Verordnungen, mit der schnellen Veränderung der äußeren Rahmenbedingungen nicht mitzuhalten.[5]

Diese Ausgangslage ließ nach neuen Wegen suchen, mit denen man EU-weite Probleme gemeinsam lösen könnte, ohne dabei gleichzeitig nationale Souveränität zu verlieren.

Die Offene Methode der Koordinierung (OMK), die sich aus dieser Problemlage in der zweiten Hälfte der 90er Jahre etablierte und nunmehr in mehr und mehr Politikbereichen der EU Einsatz findet, wird zum Teil als der dringend benötigte flexible Weg zwischen rein nationalem Denken und einer gemeinsamen Problemlösung gesehen.

Aber wie sinnreich ist der Einsatz der OMK wirklich? Welche Erfolge verspricht sie? Vor allem aber: Welche Gefahren lauern in ihr? Wie kann man die Prozesse verbessern und die OMK zu einer echten Chance für die Demokratie und Integration der EU werden lassen?

---

[1] Europäischer Rat von Lissabon (2000), Nr. 1.

[2] Mandl, U. (2003), S. 18.

[3] Mandl, U. (2003), S. 18.

[4] Tucker, C. M (2003), S. 2.

[5] Tucker, C. M (2003), S. 2.

Diese Untersuchung stellt das System der OMK vor (Kapitel 2) und gibt einen Überblick über den Einsatz der OMK in verschiedenen Formen in unterschiedlichen Politikbereichen (Kapitel 3). Ein besonderer Fokus wird dabei auf der Europäischen Beschäftigungsstrategie (EBS) als Keimzelle der OMK liegen. Das System OMK wird untersucht werden hinsichtlich der rechtlichen Einordnung (Kapitel 4.1), des Trends zur Evaluation (Kapitel 4.2) und hinsichtlich der geplanten Einstellung in die gescheiterte EU-Verfassung (Kapitel 5). Ein anschließender Schwerpunkt der Untersuchung liegt im Aufzeigen von Stärken, die richtungsweisend auch für neue Verfassungsentwürfe sein werden, und Chancen (Kapitel 6) sowie Schwächen und Risiken (Kapitel 7) der OMK. Am Fallbeispiel EBS wird der Frage nachgegangen, ob Erfolge der OMK messbar sind (Kapitel 8). Eine zusammenfassende Wertung führt zu einem weiteren Kernpunkt, nämlich der Vorlage von Verbesserungsvorschlägen zur Optimierung der OMK (Kapitel 9). Eine kurze Schlussbetrachtung (Kapitel 10) schließt die Untersuchung ab.

Die OMK als offene Methode entzieht sich einer exakten Definition.[6] Es ist gerade die Flexibilität hinsichtlich ihres Inhalts, was sie zu einer "offenen" Methode macht. Es gibt schlichtweg nicht die eine OMK. Vielmehr gibt es mehrere teils sehr unterschiedliche OMK-Prozesse,[7] so dass für ein richtiges Verständnis der OMK verschiedene OMK-Prozesse beispielhaft zu analysieren sind, was in Kapitel 3 erfolgen wird.

Grundsätzlich kann zwischen OMK-Prozessen ohne Leitlinienprozess und solchen mit Leitlinienprozess unterschieden werden.[8] Während erstere allein der Verbreitung von Informationen und dem gegenseitigen Lernen dienen (Beispiele: Arbeitsschutz, Gesundheit, Altenpflege, Jugendpolitik, eEurope[9]) haben letztere Elemente, die Druck auf die Mitgliedsstaaten - sei es auch nur aufgrund der öffentlichen Eingruppierung in ein Rating - erzeugen können. Von diesen letzteren OMK-Prozessen mit Leitlinien haben einige keine originären Vertragsgrundlagen, sondern bestehende Vorschriften des Vertrages über die Europäischen Gemeinschaften (EGV)[10] wurden genutzt, so z.B. im Bereich Bekämpfung sozialer Ausgrenzung und im Bereich Alterssicherung.[11] Andere OMK-Prozesse im Bereich Beschäftigungspolitik und Wirtschaftspolitik sind schon umfangreich vertraglich geregelt.[12] Einige Gemeinsamkeiten dieser letzteren, intensiveren OMK-Prozesse seien hier zum Einstieg erläutert, da sie die bisher höchste Entwicklungsstufe von OMK-Prozessen darstellen: So liegt bei Einführung der OMK-Prozesse regelmäßig eine Situation vor, in der die Mitgliedsstaaten erkennen, das bestimmte Probleme länderübergreifend sind und in der Mehrzahl der Staaten der EU auftreten. Es handelt sich um Probleme, die entweder in nationalen Alleingängen kaum zu lösen sind, oder bei denen zu vermuten steht, dass eine EU-weite Problemlösungsstrategie bessere Erfolge verspricht als nationale Alleingänge. Zudem sollen Alleingänge vermieden werden, in denen die Probleme durch Maßnahmen eines Mitgliedsstaates nur über die Ländergrenzen hinweg in den Bereich anderer Mitgliedsstaaten verschoben werden (beggar my neighbour policy) bzw. genereller gesprochen soll vermieden werden, das Politiken oder Problemlösungsstrategien einzelner Mitgliedsstaaten negative Auswirkungen auf andere Mitgliedsstaaten oder die EU insgesamt entfalten.[13] Gleichzeitig handelt es sich um Be-

---

[6] Wessels, W / Linsenmann, I. (2002), S. 2.

[7] Mandl, U. (2003), S. 17; Zeitlin, J. (2005a), S. 2.

[8] Bauer, M. / Knöll, R. (2003), S. 36.

[9] Bauer, M. / Knöll, R. (2003), S. 36.

[10] Kommission der Europäischen Gemeinschaften (2002b).

[11] Bauer, M. / Knöll, R. (2003), S. 36.

[12] Tucker, C. M (2003), S. 8.

[13] Goetschy, J. (2003), S. 284.

reiche, in denen die nationalen Strukturen sehr unterschiedlich sind und nicht ohne weiteres geändert werden können oder sollen. Diese nationalen Besonderheiten sollen berücksichtigt und keine Souveränität auf die EU-Ebene übertragen werden.[14]

Im OMK-Prozess bedient man sich einer Form von Regelkreis. Die Entscheidung zum Start eines OMK-Prozesses kommt vom Europäischen Rat, der eine entsprechende Empfehlung an den Rat und die Kommission ausspricht. In Gesprächen zwischen den EU-Organen und im Gespräch und mit Hilfe von Vertretern der im jeweiligen Politikbereich betroffenen Kreise und unter Beiziehung externen Expertenwissens erarbeitet die Kommission ein System von Indikatoren zur Bewertung der Situation. Anschließend trifft sie Entscheidungen über eine gemeinsame Strategie und – meist in Säulen gruppierte – Leitlinien. Der Rat entscheidet über diese – unter Umständen von ihm zuvor geänderten – Leitlinien mit qualifizierter Mehrheit. Das Europäische Parlament und andere Organe der EU werden gehört oder aber auch nur informiert, teilweise sind sie aber auch überhaupt nicht eingebunden.

Die Leitlinien sollen anschließen von den Mitgliedsstaaten in ihrer nationalen Politik umgesetzt werden. Hierzu werden von den Mitgliedsstaaten nationale Aktionspläne formuliert. Nach einem Jahr berichten die Mitgliedsstaaten über den Stand der Umsetzung an den Rat oder die Kommission, welche die Berichte auswerten. Die Auswertung wird dem Europäischen Rat übermittelt, der Schlussfolgerungen hierzu annimmt. Unter ihrer Berücksichtigung werden dann neue Leitlinien er- bzw. die vorhandenen Leitlinien überarbeitet und diese vom Rat mit qualifizierter Mehrheit beschlossen und den Mitgliedsstaaten wiederum zur Umsetzung aufgegeben.

Die Ergebnisse der jährlichen Berichte der Mitgliedsstaaten wie auch die Leitlinien und Überlegungen der Kommission werden veröffentlicht und erzeugen so Transparenz hinsichtlich der Politikziele einerseits und hinsichtlich der Entwicklungen in den betroffenen Politikbereichen andererseits. Diese Transparenz gilt zwischen den Mitgliedsstaaten aber auch gegenüber der Öffentlichkeit.

Gegenseitiges Lernen der Mitgliedsstaaten voneinander soll gefördert, die Öffentlichkeit eingebunden und die Wege der Problemlösung verglichen werden.

Dabei gibt es in der Regel keine Sanktionsmöglichkeiten der EU, sollten Mitgliedsstaaten die EU-Leitlinien unbeachtet lassen. Regierungen, die sich der Beachtung der Leitlinien entziehen, kommen gegebenenfalls aber unter öffentlichen Druck, zumindest wenn das Ergebnis ihrer Politik für die Wähler negativer ausfällt als in vergleichbaren anderen Mitgliedsstaaten.

Ihre grundlegende Anerkennung fand die OMK – inspiriert von den angenommenen Erfolgen der EBS[15] – auf dem Europäischen Rat von Lissabon im Jahre 2000.

---

[14] Goetschy, J. (2003), S. 284; Maher, I. (2004), S. 2.

[15] Tucker, C. M (2003), S. 2.

Gemäß den Schlussfolgerungen des Vorsitzes zielt die OMK darauf ab, bewährte Praktiken zu verbreiten und größere Konvergenz in bezug auf die wichtigsten Ziele der EU herzustellen. Dies soll erreicht werden durch:

- „Festlegung von Leitlinien für die Union mit einem jeweils genauen Zeitplan für die Verwirklichung der von ihnen gesetzten kurz-, mittel- und langfristigen Ziele;

- gegebenenfalls Festlegung quantitativer und qualitativer Indikatoren und Benchmarks im Vergleich zu den Besten der Welt, die auf die in den einzelnen Mitgliedstaaten und Bereichen bestehenden Bedürfnisse zugeschnitten sind, als Mittel für den Vergleich der bewährten Praktiken;

- Umsetzung dieser europäischen Leitlinien in die nationale und regionale Politik durch Entwicklung konkreter Ziele und Erlass entsprechender Maßnahmen unter Berücksichtigung der nationalen und regionalen Unterschiede;

- regelmäßige Überwachung, Bewertung und gegenseitige Prüfung im Rahmen eines Prozesses, bei dem alle Seiten voneinander lernen.“ [16]

---

[16] Europäischer Rat von Lissabon (2000), Nr. 7 und 37.

3   Einsatzbereiche der OMK in der EU

Die OMK ist keine Erfindung des Europäischen Rates von Lissabon. Koordinierungsprozesse zwischen den Mitgliedsstaaten sind bereits seit der Gründung der EWG erkennbar.[17] Art. 103 des EWG-Vertrages (heute Art. 99 EGV) verpflichtete schon damals die Mitgliedsstaaten ihre Wirtschaftspolitik zu koordinieren. Das Instrumentarium hierfür war jedoch schwach.

Die Einsatzbereiche der OMK haben sich aber seit dem Europäischen Rat von Lissabon im Jahre 2000 radikal erweitert. Die Union beschloss ein neues strategisches Ziel für das neue Jahrzehnt: *„Das Ziel, die Union zum wettbewerbsfähigsten und dynamischsten wissensbasierten Wirtschaftsraum der Welt zu machen - einem Wirtschaftsraum, der fähig ist, ein dauerhaftes Wirtschaftswachstum mit mehr und besseren Arbeitsplätzen und einem größeren sozialen Zusammenhalt zu erzielen."*[18] Hierzu bedürfe es einer globalen Strategie.

In deren Rahmen sollen bessere Politiken für die Informationsgesellschaft und für die Bereiche Forschung und Entwicklung eingeführt werden. Die Strukturreform ist im Hinblick auf die Wettbewerbsfähigkeit und Innovationsfähigkeit der EU-Staaten zu beschleunigen. Der Binnenmarkt ist zu vollenden. Das europäische Gesellschaftsmodell ist zu modernisieren, soziale Ausgrenzung zu bekämpfen. Es ist für gute wirtschaftliche Perspektiven und günstige Wachstumsaussichten Sorge zu tragen. Dazu sei ein geeigneter makroökonomischer Policy-mix anzuwenden. Hierdurch soll Vollbeschäftigung geschaffen und der regionale Zusammenhalt gestärkt werden. Männern und Frauen sollen sich bessere individuelle Wahlmöglichkeiten bieten.[19]

Die Umsetzung dieser Strategie will der Europäische Rat mittels der Verbesserung der bestehenden Prozesse erreichen, *„wobei eine neue offene Methode der Koordinierung auf allen Ebenen, gekoppelt an eine stärkere Leitungs- und Koordinierungsfunktion des Europäischen Rates, eingeführt wird, die eine kohärentere strategische Leitung und eine effektive Überwachung der Fortschritte gewährleisten soll. Der Europäische Rat wird auf einer jährlich im Frühjahr anzuberaumenden Tagung die entsprechenden Mandate festlegen und Sorge dafür tragen, dass entsprechende Folgemaßnahmen ergriffen werden."*[20]

Dies bedeutet, dass die OMK (die in der Literatur teils auch MOK – Methode der offenen Koordinierung – genannt wird) fest mit einem strategischen und zeitlich festgelegten Ziel der EU verknüpft wurde.[21] Da dieses Ziel eine große Vielzahl der

---

[17] Mandl, U. (2003), S. 20.

[18] Europäischer Rat von Lissabon (2000), Nr. 5.

[19] Europäischer Rat von Lissabon (2000), Nr. 5 und 6.

[20] Europäischer Rat von Lissabon (2000), Nr. 7.

[21] Maher, I. (2004), S. 1.

Politikbereiche der EU durchdringt ist damit auch der OMK in diesen Bereichen die Tür geöffnet worden.

Das Weißbuch Europäisches Regieren der Europäischen Kommission[22] spricht sich für eine fallweise Anwendung der OMK aus. Sie fördere die Zusammenarbeit, den Austausch bewährter Verfahren und die Vereinbarung gemeinsamer Ziele und Leitlinien, die manchmal, wie in den Themenbereichen Beschäftigung und soziale Ausgrenzung, durch Aktionspläne von Mitgliedsstaaten unterstützt werden. Dabei stehe die OMK in Bereichen wie der Beschäftigungs-, der Sozial- und der Einwanderungspolitik neben dem programmbezogenen und legislativen Konzept.

Dies stellt sich als Erfolgsweg einer Methode dar, die im wesentlichen mit der Europäischen Beschäftigungsstrategie (EBS) entwickelt wurde.[23] Die EBS kann somit als Grundmuster heutiger OMK-Prozesse verstanden werden. Daher wird im Folgenden bei der Darstellung verschiedener OMK-Prozesse ein wesentlicher Schwerpunkt im Bereich der Beschäftigungspolitik der EU liegen. Als besonders etablierter und umfangreicher OMK-Prozess bietet die EBS die beste Möglichkeit, Gründe der Entwicklung der OMK, ihre Stärken und ihre Schwachstellen herauszuarbeiten und eine Evaluation ihrer Ergebnisse zu versuchen.

Die Vielzahl der OMK-Prozesse geht allerdings weit darüber hinaus und wurde durch die Lissabon-Strategie und nachfolgende Festlegungen nochmals erweitert. Sie umfasst mittlerweile auch Bereiche wie Informationsgesellschaft, Forschung, Innovation, Unternehmenspolitik, Umweltpolitik, Wirtschaftsreformen, Bildung, soziale Integration und Gesundheitspolitik.[24] Es sollen daher auch weitere ausgesuchte OMK-Prozesse dargestellt werden, um zu ermitteln, wie OMK-Prozesse sich entwickeln, welche Entwicklungsstufen vorhanden sind, wie sich OMK-Prozesse gegenseitig bedingen und teilweise OMK-Prozesse sogar dominant über anderen OMK-Prozessen stehen.

Herausgesucht wurden zur Veranschaulichung der OMK-Prozesse und ihrer Evolution vier Politikbereiche, in denen die OMK sehr unterschiedlich etabliert ist:

- Die Beschäftigungspolitik, in der die OMK fest etabliert und im EGV umfassend geregelt ist;

- Die Wirtschaftspolitik, die ebenfalls fest etablierte OMK-Prozesse aufweist, die sogar „hard law" – Elemente aufweisen;

---

[22] Kommission der Europäischen Gemeinschaften (2001a).

[23] Goetschy, J. (2003), S. 282.

[24] Mandl, U.(2003), S. 17; Zeitlin, J. (2005a), S. 1.

- Die Sozialpolitik, in der nach jahrzehntelangen Stillständen erste OMK-Prozesse beginnen;

- Die Migrations- und Asylpolitik, in der (wie z.B. auch in den Bereichen Tourismus und Bildungspolitik) OMK-Prozesse erst noch etabliert werden müssen und von der Kommission propagiert werden.

3.1 Beschäftigungspolitik

3.1.1 Ausgangslage

Mitte der 90er Jahre sahen sich viele Mitgliedsstaaten mit einer hohen Arbeitslosenquote konfrontiert, deren Ursache in strukturellen Problemen gesehen wurde.[25] Die Steigerung der Zahl der Arbeitsplätze konnte nicht mit den entsprechenden Steigerungszahlen in den USA mithalten.[26] Daher beschloss die EU, die Reduktion der Arbeitslosigkeit und die Schaffung neuer Arbeitsplätze als eines der Ziele mit der höchsten Priorität zu betrachten.[27] Die Arbeitslosigkeit verbunden mit einer alternden Bevölkerung bedeutete finanzielle Probleme, die sozialpolitische Reformen in Mitgliedsstaaten erforderten.[28] Aber klassische Methoden der einzelnen Mitgliedsstaaten diese Probleme zu lösen schlugen fehl oder waren nicht anwendbar.[29]

Zur gleichen Zeit wurden die Mitgliedsstaaten dafür kritisiert, dass sie nicht fähig waren eine Art soziales Europa zu schaffen in dem die EU auch Kompetenzen im Bereich sozialer Angelegenheiten erhält.[30]

Neben den allgemeinen sozialen Problemen in allen Mitgliedsstaaten gab es aber auch substantielle Unterschiede in der Beschäftigungsentwicklung zwischen den Mitgliedsstaaten. Ein europäischer Ansatz, der bewährte Praktiken (best practise) in Europa verbreitete, schien ein praktischer Weg hier voranzukommen. Erfolg in diesem sehr öffentlichkeitswirksamen Bereich könnte der EU größere Akzeptanz in der europäischen Öffentlichkeit verschaffen und die EU aus einer Legitimitätskrise[31] in den Augen ihrer Bürger führen. Zudem sind Beschäftigungsprobleme oft eher regional als national und diese Regionen überschneiden oft Ländergrenzen der Mitgliedsstaaten untereinander. Auch von daher war eine gemeinsame EU-Politik angezeigt.

---

[25] Kommission der Europäischen Gemeinschaften (2002d), S. 5.

[26] El-Agraa, A. M. (2001), S. 424.

[27] Ball, S. (2001), S. 355.

[28] Däubler, W. (2002), S. 484.

[29] Trubek, D. M. (2002), S. 1; Mosher, J. S. / Trubek, D. M. (2003), S. 65 und 67.

[30] Goetschy, J. (2001), S. 401; Goetschy, J. (2003), S. 283.

[31] Borrás, S. / Jacobsson, K. (2004), S. 186; Goetschy, J. (2003), S. 283.

Mit der Übergabe der Geldpolitik der Mitgliedsstaaten an die EU infolge der Gründung der Europäischen Wirtschafts- und Währungsunion (WWU) wurde die unabhängige Kontrolle der Mitgliedsstaaten über ihre makroökonomische Politik und ihre Beschäftigungspolitik signifikant reduziert – wenngleich die makroökonomische Politik auf EU-Ebene nicht vollständig koordiniert wurde. Dabei blieb die Beschäftigungspolitik Sache der Mitgliedsstaaten.[32] Mit dieser Kompetenzverlagerung verloren die Mitgliedsstaaten traditionelle Werkzeuge ihrer Beschäftigungspolitik.[33] Klassische Methoden die Beschäftigungsraten zu erhöhen wie die Absenkung der Zinsraten, staatliche Ausgabensteigerungen, Staatshilfen und Einstellungen im öffentlichen Sektor konnten nicht mehr in gewohnter Form genutzt werden; die Möglichkeiten aktiver Arbeitsmarktpolitik wurden begrenzt.[34] Es herrschte ein Ungleichgewicht zwischen einer hochintegrierten EU-Währungspolitik und ungenügender makroökonomischer Koordination. In dieser Situation erhalten mikroökonomische Fragen größere Bedeutung bei der Arbeitsmarktpolitik.

Diese Probleme nahmen mit den Beschränkungen durch den Stabilitätspakt sogar zu.[35] Ohne die klassischen Instrumente war es schwer eine angemessene Reaktion auf die Beschäftigungsprobleme zu finden wenn keine koordinierte. Die Dominanz der "Grundzüge der Wirtschaftspolitik" (Art. 98 EGV) über verschiedene OMK-Prozesse verursacht ebenfalls Probleme. Die Grundzüge der Wirtschaftspolitik wurden nicht notwendigerweise mit anderen Politikbereichen wie der Sozial-, Beschäftigungs- oder Steuerpolitik abgestimmt.[36] Mindestens bis zum Europäischen Rat von Lissabon im Jahre 2000 hat ein Ungleichgewicht der verschiedenen Rats-Zusammensetzungen zu einer Dominanz des Rates für Wirtschaft und Finanzen (Ecofin-Rat) geführt, der für die Grundzüge der Wirtschaftspolitik verantwortlich ist. Der größere politische Einfluss der Wirtschafts- und Finanzminister auf nationaler Ebene schlägt sich hier auch in der Wertigkeit der jeweils durch die nationalen Minister besetzten Räte der EU nieder. Nach dem Europäischen Rat von Lissabon müssen nun aber immerhin die Meinungen von anderen (für andere OMK-Prozesse verantwortlichen) Rats-Zusammensetzungen durch den Rat für Wirtschaft und Finanzen in Betracht gezogen werden.[37]

Schließlich zielten die Mitgliedsstaaten darauf ab eine Methode zu entwickeln "beggar my neighbour"-Strategien vorzubeugen und negative Einwirkungen von außerhalb des Unionsbereiches zu vermeiden.

---

[32] Pelkmann, J. (2001), S. 295.

[33] Hodson, D. / Mahler, I. (2001), S. 733.

[34] Ball, S. (2001), S 361.

[35] Ball, S. (2001), S. 361; Mosher, J. S. / Trubek, D. M. (2003), S. 67.

[36] Goetschy, J. (2003), S. 288.

[37] Porte, C.D.L. (2002), S. 44.

Vieles sprach also für eine europäische kollektive Herangehensweise an die Probleme im Beschäftigungsbereich.

Gleichwohl gab es aber auch erhebliche Widerstände der Mitgliedsstaaten gegen den Gedanken, Kompetenzen in den Bereichen Beschäftigung und Soziales auf die EU zu übertragen - selbst angesichts des offensichtlichen Ungleichgewichts zwischen einer stark europäisierten Wirtschaftspolitik einerseits und der auf nationaler Ebene verbleibenden Sozialpolitik andererseits[38] – denn bei Beschäftigungs- und sozialen Fragen handelt es sich um sehr sensible Bereiche, die in nationalen Wahlen den Ausschlag geben könnten.[39] Dies galt umso mehr Mitte der 90er Jahre, in denen in vielen Mitgliedsstaaten eine Protesthaltung gegenüber der EU zu verzeichnen war.[40]

Darüber hinaus gab es auch substantielle nationale Unterschiede, die eine Lösung verhindern, die gleichzeitig allen Mitgliedsstaaten gerecht werden kann. Die Beschäftigungsmärkte in den einzelnen Mitgliedsstaaten sind sehr verschieden strukturiert. Dies macht es unmöglich, sie alle mit dem gleichen politischen Konzept zu behandeln. Selbst wenn die meisten Mitgliedsstaaten zum Beispiel Probleme im Bereich der Arbeitslosigkeit von Jugendlichen und schlecht ausgebildeten Arbeitskräften haben, so gibt es doch in anderen Bereichen wie der Beschäftigung von Frauen, erhebliche Unterschiede der Problemlagen, teilweise weil hier verschiedene traditionelle Gegebenheiten vorliegen. Weitere Unterschiede bestehen in der Art der verfügbaren Arbeitsplätze und wie diese Arbeitsverhältnisse vertraglich ausgestaltet sind (lang-/kurzfristige Verträge, Saisonarbeiten). Die verfügbaren Arbeitskräfte unterscheiden sich von ihrer Ausbildung. Daher gibt es substantielle Unterschiede in der Beschäftigungsentwicklung und in der Beschäftigungspolitik zwischen den Mitgliedsstaaten.[41] Soziale Politiken sind in sehr individuellen nationalen Institutionen eingebettet.[42]

Unter diesen Umständen konnte keine Einigung auf eine gemeinsame einheitliche Beschäftigungspolitik erzielt werden.

3.1.2 Die Entwicklung der Europäischen Beschäftigungsstrategie (EBS)

Die Europäische Beschäftigungspolitik war das Resultat der Suche nach einer Lösung. Bis zum Vertrag von Amsterdam 1997 waren die Ansätze zu einer derartigen gemeinsamen Politik allerdings limitiert. Es gab einige Maßnahmen in Feldern der

---

[38] Scharpf, F. W. (2002), S. 665.

[39] Begg, I. / Berghman, J. (2002), S. 180; Borrás, S. / Jacobsson, K. (2004), S. 191;
    Mosher, J. S. / Trubek, D. M. (2003), S. 66.

[40] Goetschy, J. (2001), S. 401;
    Mosher, J. S. / Trubek, D. M. (2003), S. 66.

[41] Artis, M. J. / Lee, N. (1995), S. 270; Goetschy, J. (2001), S. 403; Goetschy, J. (2003), S. 285.

[42] Mosher, J. S. / Trubek, D. M. (2003), S. 66.

Sozialpolitik (z.B. Art. 2 Abs. 1 des 1992 unterzeichneten „Protokoll über die Sozialpolitik", welches dem Vertrag über die Europäische Union (EUV)[43] angehängt wurde und heute Art. 137 Abs. 1 des EG-Vertrages darstellt), die auch den Bereich der Beschäftigung tangierten, aber diese waren nur zaghafte erste Ansätze einer Beschäftigungspolitik.[44]

Erst der Vertrag von Amsterdam brachte der Europäischen Union eine ausdrückliche beschäftigungspolitische Kompetenz und fügte in den konsolidierten Vertrag zur Gründung der Europäischen Gemeinschaft (EGV)[45] das Kapitel VIII über die Beschäftigung ein. Art. 2 EGV erklärte ein hohes Beschäftigungsniveau zu einem der Ziele der EG, Art. 3 i) EGV fördert die Koordinierung der Beschäftigungspolitik der Mitgliedsstaaten im Hinblick auf die Verstärkung ihrer Wirksamkeit durch die Entwicklung einer koordinierten Beschäftigungsstrategie.

Die Änderungen des EGV stellen eine solidere Basis für den bereits vom Europäischen Rat von Essen 1994 initiierten beschäftigungspolitischen Aktionsplan dar, in dem die Mitgliedsstaaten aufgefordert wurden mehrjährige Programme für Beschäftigung aufzustellen und die Kommission über den Fortschritt dieser Programme zu unterrichten.[46] Der Europäische Rat von Luxemburg im November 1997 hat den Ansatz von Essen in eine Europäische Beschäftigungsstrategie (EBS) überführt, die auf 19 Leitlinien in vier Säulen basiert: Verbesserung der Vermittelbarkeit, Entwicklung des Unternehmergeistes, Förderung der Anpassungsfähigkeit der Unternehmen und ihrer Arbeitnehmer, Stärkung der Maßnahmen für Chancengleichheit.[47]

Das Konzept der OMK, wie es in der EBS angewandt wird, erlaubt den Mitgliedsstaaten gemeinsame Aktionen im Bereich der Beschäftigung zu ergreifen ohne nationale Souveränität aufzugeben[48] und ohne sich auf Maßnahmen festzulegen, die nicht zur nationalen Politik passen.

Fünf Jahre nach ihrer Entstehung wurde die EBS bewertet. Der Europäische Rat von Barcelona sprach sich für eine verbesserte Strategie aus und bat den Rat und die Kommission um eine Straffung der alljährlichen wirtschafts- und beschäftigungspolitischen Koordinierung.[49] Darüber hinaus veröffentlichte die Kommission im Januar 2003 eine Mitteilung über die Zukunft der EBS[50] in welcher die frühere Untergliederung in vier Säulen durch drei übergreifende Zielsetzungen (Vollbeschäftigung; Stei-

---

[43] Kommission der Europäischen Gemeinschaften (2002b).

[44] Tsoukalis, L. (1997), S.134.

[45] Kommission der Europäischen Gemeinschaften (2002b).

[46] Europäischer Rat von Essen (1994); Ball 2001, S. 356.

[47] Europäischer Rat von Luxemburg (1997).

[48] Goetschy, J. (2001), S. 402.

[49] Europäischer Rat von Barcelona (2002); Kommission der Europäischen Gemeinschaften (2002e).

[50] Kommission der Europäischen Gemeinschaften (2003b), S. 9-19.

gerung der Arbeitsplatzqualität und Arbeitsplatzproduktivität; Stärkung des sozialen Zusammenhalts und der sozialen Eingliederung) und die früheren Leitlinien durch elf neue beschäftigungspolitischen Leitlinien ersetzt wurden, die bei der Verabschiedung durch den Rat auf die Zahl von Zehn reduziert wurden.[51]

3.1.3 Verfahrensablauf der EBS

Art. 128 EGV legt den prinzipiellen Verfahrensablauf der EBS fest. Es handelt sich um einen Zyklus von Berichten und Leitlinien. Nach dieser Vorschrift übermittelt jeder Mitgliedsstaat dem Rat und der Kommission jährlich einen Bericht über die wichtigsten Maßnahmen, die er zur Durchführung seiner Beschäftigungspolitik im Lichte der beschäftigungspolitischen Leitlinien des Rates getroffen hat. Anhand des an ihn übersandten gemeinsamen Jahresberichts des Rates und der Kommission prüft der Europäische Rat jährlich die Beschäftigungslage in der Gemeinschaft und nimmt hierzu Schlussfolgerungen an. Anhand dieser Schlussfolgerungen und nach Anhörung des Europäischen Parlamentes, des Wirtschafts- und Sozialausschusses (Art. 257 EGV), des Ausschusses der Regionen (Art. 263 EGV) und des Beschäftigungsausschusses (Art. 130 EGV) legt der Rat auf Vorschlag der Kommission mit qualifizierter Mehrheit Leitlinien fest, welche die Mitgliedstaaten in ihrer Beschäftigungspolitik berücksichtigen sollen. Die Mitgliedsstaaten verfassen dann jeweils einen nationalen Aktionsplan für das nächste Jahr. Am Ende dieses Jahres beginnt der Zyklus von vorn.

Der Rat hat gemäß Art. 128 Abs. 2 Satz 2 EGV die Befugnis, auf Empfehlung der Kommission mit qualifizierter Mehrheit Empfehlungen an die Mitgliedsstaaten zu richten, wenn er dies aufgrund der Ergebnisse der Überprüfung der Beschäftigungspolitik der Mitgliedstaaten im Lichte der beschäftigungspolitischen Leitlinien für angebracht hält. Ob diese Empfehlungen berücksichtigt werden bleibt den Mitgliedsstaaten überlassen, denn es gibt keine Strafen oder formelle Anreize.[52] Der theoretische Ansatz besteht darin, dass „best practise", „benchmarking" und „naming and shaming" von den Regierungen der Mitgliedsstaaten politisch hart zu ignorieren sind.[53]

Auf diese Weise war die EBS der Vorreiter einer neuen Methode der Regulierung innerhalb der EU, der OMK.[54] Mosher und Trubek sehen die OMK gar als einen generellen Wandel weg vom traditionellem Regieren von oben zu flexibleren Ansätzen mit mehr Teilnahmemöglichkeiten.[55]

---

[51] Rat der Europäischen Union (2003a).

[52] Ball, S. (2001), S. 357.

[53] Porte, C. D. L. / Pochet, P. / Room, G. J. (2001), S. 295

[54] Goetschy, J. (2001), S. 402 and 405; Porte, C. D. L. / Pochet, P. / Room, G. J. (2001), S. 300.

[55] Mosher, J. S. / Trubek, D. M. (2003), S. 63.

16

Zur Veranschaulichung des OMK-typischen EBS-Regelkreises, wird dieser hier graphisch dargestellt.

Graphik: OMK in der EBS

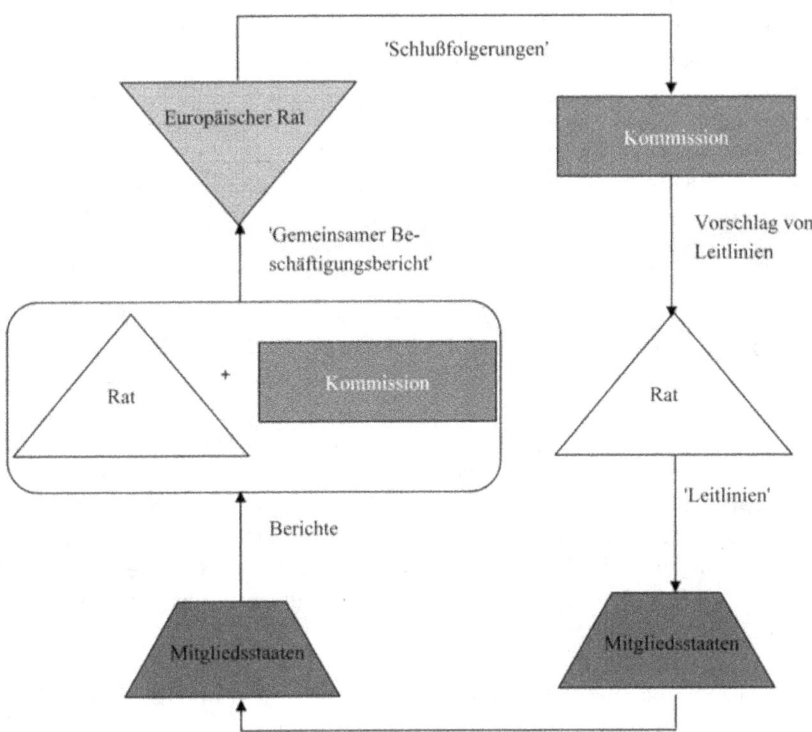

3.2   Wirtschaftspolitik

Auch die Wirtschaftspolitik der Europäischen Union wird mit Hilfe der OMK ge-steuert. Art. 4 EGV verpflichtet die Mitgliedsstaaten zur Koordinierung ihrer Wirt-schaftspolitik, Art. 98 zur Ausrichtung der Wirtschaftspolitik auf die Ziele der Gemeinschaft. Mit der WWU ist die Koordination der Wirtschaftspolitiken noch relevanter geworden, da sich Wirtschafts- und Währungspolitik nicht voneinander entkoppeln lassen.[56]

Vergleicht man die sehr unterschiedlichen wirtschaftspolitischen Grundkonzepte großer Mitgliedsstaaten, so ist diese Abstimmung kein leichtes Unterfangen. Der britische Wirtschaftsliberalismus, das deutsche Konzept der sozialen Marktwirt-schaft und die französischen Traditionen zentralistischer Wirtschaftslenkung bilden sehr unterschiedliche Ausgangspunkte.

Art. 99 EGV legt den prinzipiellen Verfahrensablauf der wirtschaftspolitischen Ko-ordinierung fest. Auch hier handelt es sich wieder um einen Zyklus von Berichten und Leitlinien, hier „Grundzüge der Wirtschaftspolitik" genannt.

Der Rat erstellt auf Empfehlung der Kommission einen Entwurf für die „Grundzü-ge der Wirtschaftspolitik" der Mitgliedsstaaten und der Gemeinschaft und erstattet dem Europäischen Rat, der eine Schlüsselrolle in dem Verfahren einnimmt, darü-ber Bericht. Der Europäische Rat erörtert auf der Grundlage dieses Berichtes eine Schlussfolgerung zu den „Grundzügen der Wirtschaftspolitik", auf deren Grundlage der Rat mit qualifizierter Mehrheit eine Empfehlung zu den „Grundzügen der Wirt-schaftspolitik" verabschiedet.

Die Überwachung der Beachtung der Empfehlungen erfolgt im Bereich der Wirt-schaftspolitik mehr durch eigene Beobachtungen der Kommission als durch die In-formation durch die Mitgliedsstaaten, da die Wirtschaftsentwicklungsdaten leichter zugänglich sind. Der Rat überwacht anhand von Berichten der Kommission die wirt-schaftliche Entwicklung in jedem Mitgliedsstaat und in der Gemeinschaft sowie die Vereinbarkeit der Wirtschaftpolitik mit den empfohlenen Grundzügen. Diese eigene Überwachung wird ergänzt durch Mitteilungen der Mitgliedsstaaten zu wichtigen einzelstaatlichen Maßnahmen auf dem Gebiet ihrer Wirtschaftspolitik.

Eine Anhörung des Europäischen Parlamentes, des Wirtschafts- und Sozialausschus-ses, des Ausschusses der Regionen oder des Beschäftigungsausschusses erfolgt im Gegensatz zur EBS nicht. Einzig eine Unterrichtung des Europäischen Parlamentes über die Empfehlungen des Rates zu den Grundzügen der Wirtschaftspolitik ist vor-gesehen.

---

[56] Hillenbrand, O. (2002), S. 471.

18

3.3   Fiskalpolitik

Auch die Fiskalpolitik der EU hat den Charakter eines – speziellen – OMK-Prozesses. Insbesondere die Überführung der Währungspolitik auf die EU-Ebene lässt die Gefahr von Konflikten zur nationalen Fiskalpolitik der Mitgliedsstaaten aufkommen, so dass hier bei den Teilnehmern der Wirtschafts- und Währungsunion besonderer Abstimmungsbedarf besteht.

Im Gegensatz zur weichen Koordinierung bei der Beschäftigungspolitik kann man im Bereich der Fiskalpolitik von einer harten Koordinierung sprechen,[57] da hier Sanktionsmöglichkeiten gegenüber den Mitgliedsstaaten zur Verfügung stehen.

Gemäß Art. 104 EGV sind die Mitgliedsstaaten zur Vermeidung übermäßiger öffentlicher Defizite verpflichtet. Die Kommission überwacht die Entwicklung der Haushaltslage und den Schuldenstand in den Mitgliedsstaaten insbesondere dahingehend, ob das öffentliche Defizit oder der öffentliche Schuldenstand jeweils im Verhältnis zum Bruttoinlandsprodukt einen bestimmten Referenzwert überschreitet.

Kommt die Kommission zu der Auffassung, dass in einem Mitgliedsstaat ein übermäßiges öffentliches Defizit besteht oder sich ergeben könnte, legt sie dem Rat eine Stellungnahme vor. Der Rat entscheidet sodann auf Empfehlung der Kommission mit qualifizierter Mehrheit, ob ein übermäßiges Defizit besteht.

An diese Entscheidung sind wichtige Folgen geknüpft. Sie ist Voraussetzung, dass der Rat Empfehlungen an den Mitgliedsstaat richten kann, die, soweit der Mitgliedsstaat ihnen in der gesetzten Frist nicht nachkommt, veröffentlicht werden dürfen. Sollte der Mitgliedsstaat den Empfehlungen weiterhin nicht nachkommen, so kann der Rat den Mitgliedsstaat mit der Maßgabe in Verzug setzen, innerhalb einer weiteren Frist Maßnahmen zum Defizitabbau zu treffen. Die Weigerung des Mitgliedsstaates, diesem Beschluss nachzukommen, kann verschiedene Sanktionen, u.a. Geldbußen, nach sich ziehen.

Im Bereich der Teilnehmerländer der Wirtschaft- und Währungsunion gelten außerdem die Regelungen des Stabilitäts- und Wachstumspaktes, der empfindliche Strafen für Länder mit zu hohen Verschuldensraten vorsieht. Das Haushaltsüberwachungsverfahren und das Verfahren bei übermäßigen Defiziten wurde hierin gestrafft. Z.B. sollen Mitgliedsstaaten, deren öffentliche Defizite über 3 % des Bruttoinlandsproduktes liegen, mit empfindlichen Sanktionen zwischen 0,2 % und 0,5 % des Bruttoinlandsproduktes belegt werden. In seiner Entschließung über den Stabilitäts- und Wachstumspakt aus dem Jahre 1997 hat der Europäische Rat diesbezügliche Leitlinien beschlossen.[58]

---

[57] Wessels, W / Linsenmann, I. (2002), S. 8.
[58] Europäischer Rat von Amsterdam (1997).

3.4   Sozialpolitik

Auch wenn jahrzehntelang das Sozialrecht als nationale Bastion verstanden wurde, bezüglich derer jede Souveränitätsabgabe an die EU-Ebene abgelehnt wurde[59] und in der wenig Aktivität zu erkennen war,[60] so war doch das Sozialrecht in den 50er Jahren einer der ersten Bereiche, der einen Koordinierungsprozess aufwies.

Bereits am 9. Dezember 1957 wurde das Europäische Abkommen über die soziale Sicherheit der Wanderarbeitnehmer unterzeichnet, welches später auf der Grundlage der Vorgängernorm des heutigen Art. 42 EGV (vormals Art. 51 EGV) in die Verordnung Nr. 3 über die soziale Sicherheit der Wanderarbeitnehmer,[61] ergänzt durch die Verordnung Nr. 4 zur Durchführung und Ergänzung der Verordnung Nr. 3,[62] überführt wurde. Diese Verordnung bestimmte zahlreiche sozialrechtliche Koordinierungsregeln, deren wesentliche Inhalte bis heute erhalten sind.[63] Die Verordnungen wurden abgelöst durch die Verordnung EWG Nr. 1408/71 des Rates vom 14.7.1971 zur Anwendung der Systeme der sozialen Sicherheit auf Arbeitnehmer und deren Familien, die innerhalb der Gemeinschaft zu- und abwandern[64] sowie die Verordnung EWG Nr. 574/72 des Rates vom 21.3.1972 über die Durchführung der Verordnung EWG Nr. 1408/71,[65] die weiterhin die zentralen Normen des koordinierenden Europäischen Sozialrecht sind.[66]

Auf Vertragsebene ist Art. 42 EGV die Grundnorm der Sozialrechtskoordinierung in der EU. Seine Stellung im Titel III Kapitel 1 des EGV zeigt, das es hierbei primär um die Sicherstellung des Rechtes auf Freizügigkeit geht,[67] nicht aber um eine umfassende Sozialrechtskoordinierung außerhalb dieser Zweckbestimmung. Das europäische Sozialrecht entwickelte sich also als Annex der Marktfreiheiten.[68] Gleichzeitig sollte es dem freien Markt dienen, indem es Wettbewerbsverzerrungen durch un-

---

[59] Begg, I. / Berghman, J. (2002), S. 180; Eichenhofer, E. (2003), S. 51.

[60] Begg, I. / Berghman, J. (2002), S. 180; Joussen, J. (2000), S. 17 ff..

[61] Verordnung Nr. 3 über die soziale Sicherheit der Wanderarbeitnehmer, Abl. der EWG Nr. 561/58 v. 16.12.1958.

[62] Verordnung Nr. 4 zur Durchführung und Ergänzung der Verordnung Nr. 3 über die soziale Sicherheit der Wanderarbeitnehmer, Abl. der EWG Nr. 597/58.

[63] Fuchs, M. (2002), S. 9 f. (Einführung, Rn. 23).

[64] Verordnung (EWG) Nr. 1408/71 des Rates vom 14. 7.1971 zur Anwendung der Systeme der sozialen Sicherheit auf Arbeitnehmer und deren Familien, die innerhalb der Gemeinschaft zu- und abwandern, Abl. der EWG Nr. L 149 v. 5.7.1971.

[65] Verordnung (EWG) Nr. 574/72 des Rates vom 21. März 1972 über die Durchführung der VO (EWG) Nr. 1408/71 zur Anwendung der Systeme der sozialen Sicherheit auf Arbeitnehmer und deren Familien, die innerhalb der Gemeinschaft zu- und abwandern, Abl. der EWG Nr. L 74 v. 27.3.1972.

[66] Fuchs, M. (2002), S. 14 (Einführung, Rn. 38).

[67] Feldmann, H. (2002), S. 548.

[68] Fuchs, M. (2002), S. 39 (Einführung, Rn. 111).

ternehmerische Marktvorteile infolge unterschiedlicher Soziallasten verminderte.[69] Weitere Primärnormen des Sozialrechts sind im Titel XI, Kapitel 1 EGV (Art. 136 bis 145) zusammengefasst.

Um die in Art. 136 Abs. 1 EGV festgelegten sozialen Ziele zu erreichen, bestimmt Art. 137 Abs. 2 a) EGV, dass der Rat Maßnahmen annehmen kann, die dazu bestimmt sind, die Zusammenarbeit zwischen den Mitgliedstaaten durch Initiativen zu fördern, die die Verbesserung des Wissensstandes, die Entwicklung des Austausches von Informationen und bewährten Verfahren, die Förderung innovativer Ansätze und die Bewertung von Erfahrungen zum Ziel haben. Die Kompetenz ist hier also auf den Informationsaustausch beschränkt. Dagegen können keine Empfehlungen an einzelne Mitgliedsstaaten erlassen werden.

Die Globalisierung und die Konvergenzkriterien der WWU üben einen stärkeren Druck von einer reinen Koordinierung hin zu einer Harmonisierung des Sozialrechts aus.[70] Der Europäische Rat von Lissabon hat sich folgerichtig auch im Bereich Soziales für eine stärkere Koordinierung der Politiken der Mitgliedsstaaten ausgesprochen[71] und auch diese Bereiche im Rahmen seiner Strategie-Bestimmung der stärkeren Anwendung der OMK unterworfen.[72] Dem Rat wurde aufgegeben die Zusammenarbeit der Mitgliedsstaaten durch Erfahrungsaustausch zu verbessern und der hochrangigen Gruppe „Sozialschutz" den Auftrag zu erteilen, diese Zusammenarbeit unter Berücksichtigung der Arbeit des Ausschusses für Wirtschaftspolitik zu unterstützen. Ein besonderes Augenmerk legte der Europäische Rat auch auf Maßnahmen gegen soziale Ausgrenzung. Auch hier sollte der Rat für einen ständigen Dialog und den Austausch von Informationen und bewährten Verfahren auf der Grundlage gemeinsam vereinbarter Indikatoren sorgen, wobei die hochrangige Gruppe „Sozialschutz" bei der Festlegung der Indikatoren einbezogen werden sollte. Der Rat soll weiter prioritäre Maßnahmen für bestimmte Zielgruppen (zum Beispiel Minderheiten, Kinder, alte Menschen und Behinderte) entwickeln, wobei die Mitgliedstaaten je nach ihrer besonderen Situation unter diesen Maßnahmen wählen können und anschließend über deren Umsetzung Bericht erstatten sollen.[73]

Art. 137 Abs. 1 k) EGV, der die Modernisierung der Systeme des sozialen Schutzes zum Bereich der Unterstützung der Mitgliedsstaaten durch die Gemeinschaft erklärt, stellt ein wesentliches Einfallstor für die OMK dar.[74] Zunächst beschränkte sich die Anwendung der OMK auf die Armutsbekämpfung (soziale Ausgrenzung) und Al-

---

[69] Joussen, J. (2000), S. 13.

[70] Fuchs, M. (2002), S. 35 (Einführung, Rn. 101).

[71] Europäischer Rat von Lissabon (2000), Nr. 31-34.

[72] Eichenhofer, E. (2003), S. 52.

[73] Europäischer Rat von Lissabon (2000), Nr. 33.

[74] Eichenhofer, E. (2003), S. 52.

terssicherung, sie soll aber auf Felder wie z.B. die Gesundheitspolitik ausgedehnt werden.[75]

3.4.1 Bekämpfung der sozialen Ausgrenzung

Im Bereich der Bekämpfung der Sozialen Ausgrenzung hatten die Mitgliedsstaaten im Jahre 2001 die ersten Nationalen Aktionspläne zu beschließen, die für zwei Jahre galten. Im Jahre 2003 wurden die nächsten Nationalen Aktionspläne verabschiedet, Mitte 2004 legten auch die neuen Mitgliedsstaaten Pläne vor.

Diese Aktionspläne beruhen auf den auf dem Europäischen Rat von Nizza im Dezember 2000 verabschiedeten „Zielen bei der Bekämpfung der Armut und der sozialen Ausgrenzung",[76] die vom Europäischen Rat von Lissabon im März 2000 unter Zugrundelegung der OMK für diesen Bereich angeregt wurden. Hierin wurden vier Ziele festgelegt (Förderung der Teilnahme am Erwerbsleben und des Zugangs aller zu Ressourcen, Rechten, Gütern und Dienstleistungen; Vermeidung der Risiken der Ausgrenzung; Maßnahmen zugunsten der sozial am stärksten gefährdeten Personen; Mobilisierung aller Akteure) und die Modalitäten für die Umsetzung der Ziele geregelt. Die Ziele wurden im Jahr 2002 vom Rat noch einmal überarbeitet.[77] Die Kommission hat danach aus den Aktionsplänen einen Synthesebericht zu erstellen, in dem bewährte Verfahren und innovative Ansätze, die für alle Mitgliedsstaaten von Interesse sind, aufgeführt werden.[78]

3.4.2 Alterssicherung

Der Bereich der Alterssicherung befindet sich seit dem Jahr 2000 in einem OMK-Prozess.[79] Der Europäische Rat von Stockholm forderte, dass insbesondere auf dem Gebiet der Renten das Potential der OMK in vollem Umfang ausgeschöpft werden sollte.[80] Der Europäische Rat von Göteborg bekräftigte dazu drei Rahmenprinzipien hinsichtlich der Sicherung der Tragfähigkeit der Rentensysteme: Sicherstellung angemessener und sicherer Renten, Erhaltung der Finanzierbarkeit und letztlich die Berücksichtigung der sich wandelnden sozialen Erfordernisse.[81] Er wies nochmals auf die Anwendung der OMK hin. Hierbei wird die OMK angewandt, um einen integrierten Rahmen für den Informationsaustausch über nationale Strategien zur Sicherung angemessener und nachhaltiger Renten zu schaffen.[82] Auch hier soll wieder

---

[75] Eichenhofer, E. (2003), S. 52.

[76] Rat der Europäischen Union (2000).

[77] Rat der Europäischen Union (2002).

[78] Rat der Europäischen Union (2004).

[79] Eichenhofer, E. (2003), S. 53; Glombik, M. (2004), S. 49.

[80] Europäischer Rat von Stockholm (2001), Nr. 32.

[81] Europäischer Rat von Göteborg (2001), Nr. 43.

[82] Kommission der Europäischen Gemeinschaften (2001d), S. 4.

ein von der Kommission vorgeschlagenes Indikatorenmodell Anwendung finden, mit dem die Erfolge eingeleiteter nationaler Maßnahmen festgestellt und verglichen werden sollen.[83] Allerdings ist dieses noch nicht so weit gediehen, wie dies bei der Bekämpfung der sozialen Ausgrenzung der Fall ist.[84] Auch werden im Bereich der Alterssicherung von den Mitgliedsstaaten keine nationalen Aktionspläne wie bei der Bekämpfung der sozialen Ausgrenzung gefordert, sondern nur weit begrenztere nationale Strategieberichte.[85] Im Jahr 2003 wurde der Gemeinsame Bericht der Kommission und des Rates über angemessene und nachhaltige Renten veröffentlicht.[86] Der Europäische Rat von Brüssel im März 2003 forderte daraufhin die weitere Anwendung der OMK im Rentenbereich und eine Überprüfung der erzielten Fortschritte im Jahr 2006.[87]

3.5 Migrations- und Asylpolitik

Mit der Entschließung einen gemeinsamen Raum der Freiheit, der Sicherheit und des Rechts zu schaffen hat die EU einen neuen Integrationsbereich eröffnet. Dieser betrifft primär die Rechts-, Einwanderungs- und Asylpolitik der Union. Artikel 63 EGV sieht u.a. vor, dass innerhalb eines Zeitraumes von fünf Jahren nach dem Inkrafttreten des Vertrages von Amsterdam diverse Maßnahmen zum Bereich Asyl und Einwanderung beschlossen werden.

Die Fortschritte in diesem Bereich sind bisher allerdings eher partiell.[88] Auch die Kommission beklagt hier ein langsames Vorankommen bei der Verabschiedung von Richtlinien.[89] Verwunderlich ist dies nicht, denn die Innen- und Rechtspolitik sind Grundpfeiler nationaler Souveränität. Im Vertrag von Amsterdam wurden allerdings Teile der ursprünglich im Vertrag von Maastricht nur in der dritten Säule der EU angesiedelten diesbezüglichen Bereiche in die erste Säule, also den EG-Vertrag (Art. 61-63), überführt.

Auf dem Europäischen Rat von Tampere wurde das Ziel, die EU als Raum der Freiheit, der Sicherheit und des Rechts auszubauen, bekräftigt und als absolut prioritärer Punkt der politischen Agenda bezeichnet.[90] Hierbei erzielte der Rat Einigkeit, das die gesonderten, aber eng verbundenen Bereiche Asyl und Migration die Entwicklung einer gemeinsamen Politik der EU erforderlich machen.[91] Die Kommission wurde

---

[83] Kommission der Europäischen Gemeinschaften (2001d), S. 9.

[84] Zeitlin, J. (2005a), S. 2.

[85] Zeitlin, J. (2005a), S. 3.

[86] Rat der Europäischen Union (2003c).

[87] Europäischer Rat von Brüssel (März 2003), Nr. 49.

[88] Gusy, I. / Arnold, H. (2002), S. 531.

[89] Kommission der Europäischen Gemeinschaften (2003c), S. 28 (Punkt 4.1).

[90] Europäischer Rat von Tampere (1999), S. 1.

[91] Europäischer Rat von Tampere (1999), Nr. 10.

ersucht binnen eines Jahres eine Mitteilung bezüglich eines einheitlichen Asylver-
fahrens zu entwickeln.[92]

Die Kommission bemühte sich im Folgenden um die Regelung dieser Rechtsgebie-
te, griff auf traditionelle Rechtssetzungsmaßnahmen der EG zurück, versuchte aber
auch in beiden Bereichen die OMK zu propagieren.

3.5.1 Migrationspolitik

Im Bereich der Migrationspolitik wies die Kommission in ihrer Mitteilung über
eine Migrationspolitik der Gemeinschaft im Jahr 2000 darauf hin, das angesichts
der Analyse der Migrationsströme in Richtung EU ein anderer flexiblerer Ansatz,
den alle Mitgliedsstaaten für die legale Migration übernehmen müssten, geboten
ist.[93] Diese Politik sollte *„als neuer Rahmen für die Zusammenarbeit auf Gemeinschaftsebene entwickelt werden, der auf Kooperation, Informationsaustausch und
Berichterstattung gründet und in dem die Kommission die Koordinierung über-
nimmt.“*[94] Die Kommission schlug daher *„ein Verfahren für die Koordinierung auf
Gemeinschaftsebene vor, das sich auf die von den Mitgliedsstaaten in Abstimmung
mit den Sozialpartnern und den an der Integration von Migranten beteiligten Stellen
vorgenommenen Bewertungen stützen würde, die diese in regelmäßigen Berichten
niederlegen.“* Dieses „offene Vorgehen“ wurde damit begründet, das die Migrations-
steuerung partnerschaftlich erfolgen müsse, da für die verschiedenen Elemente ein
horizontales Konzept erforderlich sei.[95]

In der Mitteilung „Offener Koordinierungsmechanismus für die Migrationspolitik
der Gemeinschaft“[96] aus dem Jahr 2001 beschreibt die Kommission im Einzelnen,
wie der in der Mitteilung über die Migrationspolitik aus dem Jahre 2000 vorgeschlagene *„offene Koordinierungsmechanismus“* eingesetzt werden könnte. Er sieht vom
Rat zu billigende mehrjährige Europäische Leitlinien zur Migrationspolitik der EU
mit Zeitplänen für die Realisierung der kurz-, mittel- und langfristigen Ziele vor.[97] Als
Bereiche, in denen Leitlinien aufgestellt werden sollten, werden angegeben: Steuerung der Migrationsströme; Zulassung von Wirtschaftsmigranten; Partnerschaft von
Drittländern und Integration von Drittstaatsangehörigen. Zugleich schlug die Kommission fünf konkrete Leitlinien vor. Die Mitgliedsstaaten sollen zur Umsetzung
nationale Aktionspläne aufstellen, die sie jährlich überprüfen und anpassen.[98] Die
Aktionspläne sollen sowohl eine Bilanz der im Vorjahr hinsichtlich der Leitlinien

---

[92] Europäischer Rat von Tampere (1999), Nr. 15.

[93] Kommission der Europäischen Gemeinschaften (2000b), S. 11 (Punkt 3.2).

[94] Kommission der Europäischen Gemeinschaften (2000b), S. 12 (Punkt 3.3).

[95] Kommission der Europäischen Gemeinschaften (2000b), S. 19 (Punkt 4).

[96] Kommission der Europäischen Gemeinschaften (2001c).

[97] Kommission der Europäischen Gemeinschaften (2001c), S. 7 (Punkt 3).

[98] Kommission der Europäischen Gemeinschaften (2001c), S. 13 (Punkt 4.1).

durchgeführten Maßnahmen als auch Vorschläge für die Leitlinien-Umsetzung mit konkreten Zeitplänen im nächsten Jahr enthalten. Die Berichte sollen von der Kommission zu einem Synthesebericht zusammengefasst werden, der die gemeinsamen Probleme sowie die Bereiche möglicher gemeinsamer Lösungen herausstellt.

Wenngleich die Kommission als Starttermin des vorgeschlagenen OMK-Prozesses das Jahr 2002 vorschlug, musste sie ihre Vorstellung im Jahre 2003 zunächst einmal wieder zu Gehör bringen.[99] Doch wenn auch der vorgeschlagene Prozess noch nicht vollständig im Gange ist, so bemüht sich die Kommission gleichwohl beharrlich um die Implementierung selbst von Ersatzmechanismen. So plante die Kommission bereits im Jahre 2003 einen jährlichen Fortschrittsbericht zur gemeinsamen Migrationspolitik.[100]

3.5.2 Asylpolitik

Auch im Bereich der Asylpolitik bemüht sich die Kommission seit dem Jahr 2000 um die Einführung eines offenen Koordinierungsmechanismus.[101] Im Jahre 2001 ergänzte die Kommission ihre Bemühungen bezüglich der Migrationspolitik[102] um den Vorschlag eines ebensolchen Koordinierungsmechanismus in der Asylpolitik.[103]

Allerdings ist der EGV mit seinem Art. 63 für die Asylpolitik hinsichtlich der Ziele und des rechtlichen Rahmens wesentlich ehrgeiziger, als für dies für die Einwanderungspolitik der Fall ist. Zudem ist die EU im Bereich der Asylpolitik stärker an internationale Abkommen gebunden, z.B. das Genfer Abkommen von 1951 über die Rechtsstellung der Flüchtlinge. Insofern ist der offene Koordinierungsmechanismus für den Asylbereich besonders zu spezialisieren.[104]

In Ihren Vorschlägen für einen derartigen Mechanismus schlug die Kommission wiederum fünf konkrete Leitlinien vor.[105] Zudem sollen Zeitpläne für die Realisierung der kurz-, mittel- und langfristigen Ziele erstellt werden. Das System der nationalen Aktionspläne entsprach den Vorschlägen für die Migrationspolitik. Wie auch schon bei der Migrationspolitik so schlug die Kommission auch bei der Asylpolitik die Einbindung des Wirtschafts- und Sozialausschusses vor. Darüber hinaus will sie aber auch Externe beteiligen, hier das UNHCR und weite Kreise der Bevölkerung wie Sozialpartner, lokale und regionale Akteure und einschlägige Organisationen.[106]

---

[99] Kommission der Europäischen Gemeinschaften (2003c), S. 28 (Punkt 4).

[100] Kommission der Europäischen Gemeinschaften (2003c), S. 29 (Punkt 4.2.1).

[101] Kommission der Europäischen Gemeinschaften (2000a).

[102] Kommission der Europäischen Gemeinschaften (2001c).

[103] Kommission der Europäischen Gemeinschaften (2001b), S. 4 und 19 ff..

[104] Kommission der Europäischen Gemeinschaften (2001b), S. 19.

[105] Kommission der Europäischen Gemeinschaften (2001b), S. 20 ff..

[106] Kommission der Europäischen Gemeinschaften (2001b), S. 24.

4 Einordnung des Systems OMK

4.1 Einordnung aus rechtlicher Sicht

Zunehmend hat die OMK in den letzten Jahren Eingang in Rechtstexte der EU erfahren, wenn auch die meisten OMK-Prozesse im wesentlichen noch außerhalb der Verträge stattfinden.[107] Die zunächst gescheiterte EU-Verfassung hätte diese Kodifizierung ausgeweitet.

Dabei sind die Ursprünge eher in der Eigenschaft des Europäischen Rates zu suchen, der von jeher unabhängig von der Vertragslage politische Probleme und Präferenzen auf die EU-Agenda zu setzen pflegt.[108] So verhielt es sich auch mit dem vom Europäischen Rat von Essen 1994 initiierten beschäftigungspolitischen Aktionsplan, in dem die Mitgliedsstaaten aufgefordert wurden mehrjährige Programme für Beschäftigung aufzustellen und die Kommission über den Fortschritt dieser Programme zu unterrichten.[109] Dieser Vorläufer der OMK zeigt eine weitere Nuance, wie in der EU stets mehrere und unterschiedliche Formen des Regierens entwickelt, getestet und fortgeschrieben wurden.[110]

Gemeinhin wird die OMK in ihrer heutigen meist verbreiten Form als „soft law" bezeichnet. Eine Form der Koordinierung, die keine Sanktionen nach sich ziehen kann, außer solche „weicher" Art, wie „naming and shaming".[111] Sie wird dabei als Gegensatz zum „hard law" gesehen, bei dem es sich nach der Definition von Abbot und Snidal um rechtlich bindende, exakt beschriebene Verpflichtungen handelt, die Macht delegieren.[112] Eine solche Form des hard law ist die traditionelle Form des Gemeinschaftsrechts, die mit der sog. Gemeinschaftsmethode[113] praktiziert wird: Richtlinien und Verordnungen, deren Umsetzung mit Sanktionen durchgesetzt werden können und deren Einhaltung vom Europäischen Gerichtshof überwacht werden[114]. Die OMK dagegen scheint ohne jede Rolle für den Europäischen Gerichtshof zu sein.[115]

Im Grundsatz ist diese Einschätzung richtig. Doch wird sie der integrationspolitischen Dynamik der OMK und der Verschiedenheit der einzelnen OMK-Prozesse nicht immer gerecht.[116] Reine politische Verabredungen, soft law und hard law müs-

---

[107] Bauer, M. / Knöll, R. (2003), S. 97.

[108] Wessels, W / Linsenmann, I. (2002), S. 2.

[109] Europäischer Rat von Essen (1994); Ball 2001, S. 356.

[110] Wessels, W / Linsenmann, I. (2002), S. 2.

[111] Maher, I. (2004), S. 4.

[112] Abbott, K. W. / Snidal, D. (2000), S. 421.

[113] Kommission der Europäischen Gemeinschaften (2001a); Mandl, U.(2003), S. 12; Scott, J. /Trubek, D. M. (2002), S. 1.

[114] Trubek, D. M. (2002), S.3.

[115] Maher, I. (2004), S. 6.

[116] Maher, I. (2004), S. 1.

sen als Punkte auf einer Achse gesehen werden, deren Pole durch reine Verabredungen und hard law gebildet werden und auf deren Achse sich das soft law bewegt.[117] Hierbei gibt es Entwicklungen in den OMK-Prozessen, die über das reine soft law hinausgehen. Dies entspricht der Logik der Entwicklung der Integration der Union. In der Geschichte der Europäischen Union gab es viele Stillstände im Fortgang der Integration, jedoch kaum Rückschritte. Politikbereiche, die vergemeinschaftet wurden, wurden aus dieser Vergemeinschaftung nicht mehr entlassen. Diese Entwicklung ist auch den Bereichen der OMK, wenn auch in langsamem Tempo, immanent. Im Sinne einer immer engeren Union zeigt sich langfristig, dass die Bereiche der OMK tendenziell in Bereiche des hard law überführt werden.[118]

Maher[119] argumentiert, dass sich hierbei von den Initiatoren der Methode wohl nicht geahnte Übergänge in die Justiziabilität bieten und weist auf Art. 104 EGV hin. Streng genommen hat der Art. 104 EGV hard law Elemente, de facto wurden diese aber kaum genutzt. Im Jahre 2003 war nun die Kommission gemäß Art. 104 Abs. 5 EGV der Auffassung, dass Deutschland und Frankreich ein übermäßiges Defizit aufwiesen. Der Rat beschloss dementsprechend gemäß Art. 104 Abs. 6 EGV das Vorliegen eines übermäßigen Defizits. In der Folge jedoch beschloss der Rat das Strafverfahren gegen Deutschland und Frankreich auszusetzen. Die Kommission sah hierin einen Verstoß gegen das EG Recht und erhob gemäß Art. 230 und 231 EGV eine Klage auf Feststellung der Nichtigkeit dieser Ratsentscheidung. Der Europäische Gerichtshof erklärte daraufhin im Jahr 2004 die Ratsentscheidung für nichtig,[120] da sie der Mitwirkung der Kommission bedurft hätte. Damit aber wurde die angenommene unbeschränkte Entscheidungsfreiheit des Rates erheblich reduziert und das Verfahren nach Art. 104 EGV in gewissem Maße der Gerichtsbarkeit unterworfen - trotz seines die Möglichkeiten der Klageerhebung einschränkenden Abs. 10.[121]

Betrachtet man also die OMK muss man richtigerweise grob vier verschiedene Stufen unterscheiden.[122] Die traditionelle Gemeinschaftsmethode ist hard law, Art. 104 EGV in Verbindung mit dem Stabilitätspakt ist abgeschwächtes hard law, die anderen OMK-Prozesse teilen sich dann auf in solche mit strengerem soft law, in denen zumindest nicht bindende Empfehlungen an einzelne Staaten ausgesprochen werden können (so die Bereiche der Beschäftigungspolitik und der Grundzüge der Wirtschaftspolitik, die beide im EGV verankert sind)[123] und solche mit weichem (im EGV allenfalls rudimentär verankerten) soft law, in der einzig ein gewisser indirekter Gruppendruck zu bestimmten Handlungen "nötigen" kann.

---

[117] Abbott, K. W. / Snidal, D. (2000), S. 422.

[118] Wessels, W / Linsenmann, I. (2002), S. 5.

[119] Maher, I. (2004), S. 13.

[120] Europäischer Gerichtshof (2004).

[121] Maher, I. (2004), S. 13.

[122] Tucker, C. M (2003), S. 8.

[123] Zeitlin, J. (2005a), S. 2.

4.2   Die OMK als Teil eines Evaluationstrends

Die OMK kann nicht als Erfindung allein der Europäischen Union betrachtet werden. Ihre Basis kann auch in einem allgemeinen verwaltungspolitischen Trend gesehen werden, dem Trend zur Evaluation.[124]

Insbesondere im angelsächsischen Raum[125] hat sich in den 80er Jahren eine Evaluationskultur entwickelt, die dann über internationale Organisationen wie die Weltbank und die OECD[126] auch Kontinentaleuropa erfasste.[127] Die Europäische Union benutzte das Instrument der Evaluation zunächst im Bereich der Strukturfonds, später in Sozialpolitiken.

Die Steigerung der Bedeutung der Evaluation basiert auf dem Zwang knappere öffentliche Mittel effektiver einzusetzen. Zudem sind die politischen Entscheider bezüglich ihrer Mittelverwendung einem wachsenden Legitimationsdruck ausgesetzt, der in den Hierarchien nach unten weitergetragen wird. Die Forderung nach Transparenz in diesen Verfahren ist stärker als zuvor. Im Rahmen der Evaluation werden zur Messung von Erfolgen Indikatoren gebildet und die Ergebnisse einer Politik an den Veränderungen dieser Indikatoren gemessen.

Die OMK, insbesondere die EBS, basiert unter anderem auf diesen Ansätzen und ist Teil dieser Evaluations-Kultur.[128] Auch hier werden Indikatoren gebildet. Dabei besteht auch hier das Problem, dass es schwer ist, objektive Indikatoren zu finden, die nicht bestimmte Lösungen ungerechtfertigt besser erscheinen lassen als andere. Das Indikatorenmodell bestimmt zu einem gewissen Maß das Ergebnis der Evaluation. Auch bei der OMK werden in Form des Berichtswesens Ex-Post Wirkungsstudien erstellt.

Gleich angelsächsischen Steuerungsmodellen gibt es bei der OMK durch die Einigung der Mitgliedsstaaten auf die Leitlinien eine Art Zielvereinbarungen, wobei der Weg zur Zielereichung freigestellt bleibt. Gleich dem Gedanken der Evaluation[129] sollen durch die OMK die besten und in Zeiten angespannterer Finanzlage preiswertesten Problemlösungsstrategien herausgefunden werden.

---

[124] Bauer, M. / Knöll, R. (2003), S. 35.

[125] Schmidt, C. M. (2000), S. 427.

[126] Borrás, S. / Jacobsson, K. (2004), S. 188.

[127] Bauer, M. / Knöll, R. (2003), S. 36.

[128] Goetschy, J. (2003), S. 287.

[129] Schmidt, C. M. (2000), S. 426.

5 Einordnung der OMK in der gescheiterten EU-Verfassung

Nach der Analyse der Entstehung der OMK und verschiedener Erscheinungsformen ist für ein vollständiges Bild wichtig zu wissen, wie sich die Mitgliedsstaaten – unter Einbeziehung der neuen Mitgliedstaaten der letzten Erweiterungsrunde – die Zukunft der OMK vorstellen. Dies zeigt sich im zunächst gescheiterten Enwurf einer Europäischen Verfassung.

5.1 Aufnahme der OMK in die EU Verfassung

Am 29. Oktober 2004 haben die Mitgliedsstaaten der EU in Rom die bereits am 18. Juni 2004 von ihnen einstimmig angenommene Europäische Verfassung unterzeichnet. Sie sollte bei einer Ratifikation durch alle Mitgliedsstaaten am 1. November 2006 in Kraft treten.[130]

Von den 11 mit dem Entwurf der Verfassung beschäftigten Arbeitsgruppen befassten sich vier mit der OMK und sprachen sich in ihren Schlussberichten mehrheitlich für eine Verankerung der OMK in der Verfassung aus, wobei allerdings die Flexibilität der Methode gewahrt bleiben sollte.[131] Dabei wiesen die Arbeitsgruppen allerdings darauf hin, dass die OMK die traditionelle Gemeinschaftsmethode der Gesetzgebung nicht verdrängen sollte.[132]

Letztlich wurde die OMK in der Verfassung aber weder definiert oder als Methode festgeschrieben noch überhaupt explizit erwähnt. Hier zeigt sich, dass die Methode wegen des mit ihr verbundenen Verlustes von Einfluss bestimmter Organe und Institutionen und Gefahren für den Bestand der Integration auch kritisch gesehen wird und eine ausdrückliche Aufnahme in die Verfassung daher nicht angezeigt erschien.[133] Allerdings war der Begriff Koordination in der Verfassung weit verbreitet und führt im wesentlichen die begonnenen OMK-Prozesse fort.

5.2 Einzelregelungen

Im Rahmen der Definition der Arten von Zuständigkeiten gab der Teil I, Titel III Art. 12 Abs. 3 der Europäischen Verfassung vor, dass die Wirtschafts- und Beschäftigungspolitiken der Mitgliedsstaaten koordiniert werden. Abs. 5 der Norm zeigte auf, dass es nach Maßgabe der Verfassung diverse Bereiche gibt, in denen die Union für die Koordinierung der Maßnahmen der Mitgliedsstaaten zuständig ist, ohne dass dadurch die Zuständigkeit der Union für diese Bereiche an die Stelle der Zuständigkeit der Mitgliedsstaaten tritt.

---

[130] Konferenz der Vertreter der Regierungen der Mitgliedsstaaten (2004).

[131] Mandl, U. (2003), S. 43.

[132] Zeitlin, J. (2005a), S. 6.

[133] Bauer, M. / Knöll, R. (2003), S. 36; Zeitlin, J. (2005a) S. 7.

Teil I, Art. 15 regelte sodann weitere Einzelheiten zur Koordination der Wirtschafts- und Beschäftigungspolitik und räumte der Union das Recht auf Initiativen zur Koordination der Sozialpolitik ein.

Teil I, Art. 16 erklärte die Union u.a. für weitere Koordinierungsmaßnahmen für zuständig, die in den Bereichen Schutz und Verbesserung der menschlichen Gesundheit, Industrie, Kultur, Tourismus, allgemeine Bildung, Jugend, Sport und berufliche Bildung, Katastrophenschutz und Verwaltungszusammenarbeit getroffen werden können.

Für Politikbereiche, für die keine Befugnisse der Union in der Verfassung vorgegeben sind, räumte Teil I, Art. 17 der Union das Recht auf Tätigwerden ein, wenn dies zur Erfüllung der Verfassungsziele (Teil I, Art. 3) nötig ist. Die Maßnahmen dürfen jedoch ausdrücklich keine Harmonisierung der Rechtsvorschriften der Mitgliedsstaaten enthalten, wenn eine solche Harmonisierung nach der Verfassung ausgeschlossen ist.

In Teil III der Europäischen Verfassung wurden die Politikbereiche im Einzelnen behandelten, wobei die Art. 178 und 179 die wirtschaftspolitische Koordinierung behandeln, Art. 184 die Koordinierung der Finanzpolitik, Art. 203 bis 206 die Koordinierung der Beschäftigungspolitik und Art. 213 die Koordinierung in der Sozialpolitik. Art. 221 stellte klar, das die Koordinierung der Wirtschaftspolitik den wirtschaftlichen, sozialen und territorialen Zusammenhalt der Union (Art. 220) unterstützen muss. Art. 250 sah eine Koordination von Forschung und technologischer Entwicklung vor. Teil III Kapitel V schließlich behandelten in den Art. 278 bis 285 die oben aus dem Art. 16 bereits erwähnten Bereiche, in denen die Union für Koordinierungsmaßnahmen zuständig ist und solche treffen kann.

Veränderungen der früheren Verfahren fanden sich z.B. in der Fiskalpolitik. Hier wurde die Kommission im Defizitverfahren gestärkt. Statt auf Empfehlung der Kommission mit qualifizierter Mehrheit zu entscheiden, ob ein übermäßiges Defizit in einem Mitgliedsstaat vorliegt, konnte nach der Europäischen Verfassung der Rat künftig nur noch einstimmig einen entsprechenden Vorschlag der Kommission zurückweisen.

Insgesamt betrachtet kann man von einer Ausweitung der OMK in der gescheiterten Verfassung sprechen, jedoch nicht von einem grundlegenden Wandel oder Durchbruch. Die Mitgliedsstaaten haben in Ihren Entscheidungen über den Inhalt der Verfassung damit gezeigt, dass sie eine weitere leicht ausgeweitete Anwendung der OMK wünschen, ohne einen radikalen Systemwechsel weg von der Gemeinschaftsmethode in Richtung der OMK vorzunehmen. Es ist jedoch zu konstatieren, dass prinzipiell die OMK auf dem Vormarsch ist.

6 Stärken und Chancen der OMK

6.1 Flexible Integration

Die Jahre in denen in der europäischen Sozialpolitik keine Fortschritte zu verzeichnen waren[134] sind einer der vielen Punkte die deutlich machen, dass für eine Stärkung der Integration der EU neue Wege nötig sind, die eine Integration verschiedener Abstufungen möglich machen. Die Osterweiterung der EU birgt die große Gefahr, dass weitere Integrationsschritte noch stärker als bisher durch Partikularinteressen behindert werden.

Neue Wege heißt hier vor allem eine Flexibilisierung der Integration. Diese Flexibilisierung kann sich in verschiedenen Dimensionen zeigen. Die geographische Dimension zeigt das Europa der zwei (oder mehr) Geschwindigkeiten, wie es sich z.B. im Schengener Abkommen von 1985 oder in der WWU findet, an denen zunächst nur ein Teil der EU-Staaten teilnehmen. Eine andere Dimension ist die Intensitäts-Dimension. Verordnungen und Richtlinien sind hierfür ein Beispiel: Während die Verordnung unmittelbar in den Mitgliedsstaaten gilt, erlaubt die Richtlinie eine „weichere" Umsetzung europäischen Rechts in nationales Recht durch eine landesangepasste Lösung.

Die OMK verknüpft beide Dimensionen. Sie ist lässt die Mitgliedsstaaten die Intensität der Integration selbst steuern und eröffnet damit gleichzeitig die Möglichkeit der länderspezifisch unterschiedlichen Geschwindigkeiten der Integration. Sie kann damit eine Lösung in Politikbereichen sein, in denen derzeit keine weitere Integration auf dem traditionellen Wege denkbar ist.[135] Man mag argumentieren, das simple Konvergenz von Politiken noch keine Integration ausmacht. Aber auf lange Sicht ist es im Ergebnis gleich ob die Konvergenz durch EU-Gesetzgebung klassischer Art mit der Gemeinschaftsmethode oder durch die nationalen (koordinierten) Gesetzgebungen als Resultat der OMK-Prozesse ereicht wurde. Hat sich die Politik genügend angenähert ist im übrigen auch eine EG-Gesetzgebung leichter zu bewerkstelligen.[136] Der Unterschied ist, das oft keine Möglichkeit der Einigung auf eine EG-Verordnung oder EG-Richtlinie besteht, Koordination aber denkbar ist. Der Trendwandel in der EU von der institutionellen Zusammenarbeit hin zur (weicheren) Koordination von Politiken[137] ist folgerichtig.

Das die Kommission als Hüterin der Verträge aber auch als die Institution mit dem größten Interesse am Fortschreiten der Integration aktiv die OMK fördert und zahl-

---

[134] Joussen, J. (2000), S. 17 ff.

[135] Kaiser, R. / Prange, H. (2002), S. 1; Porte, C. D. L. / Pochet, P. / Room, G. J. (2001), S. 302.

[136] Eberlein, B. / Kerwer, D. (2002), S. 2 und 8; Hodson, D. / Mahler, I. (2001), S. 739; Kaiser, R. / Prange, H. (2002), S. 6; Wessels, W / Linsenmann, I. (2002), S. 5.

[137] Ball, S. (2001), S. 357.

reiche OMK-Prozesse mit entwickelt zeigt, dass die Kommission die integrativen Möglichkeiten der OMK anerkannt hat. Gleichwohl bedingt die in den OMK-Prozessen angelegte Verschiebung des Machtgefüges in Richtung des Europäischen Rates, dass die Kommission die OMK-Prozesse auch kritisch sehen muss. Das Weißbuch Europäisches Regieren setzt den Schwerpunkt in gewisser Weise auf eine Eingrenzung der OMK-Prozesse.[138]

Die OMK ist nicht nur auf Bereiche beschränkt, in denen die EU ausdrückliche Kompetenzen hat. Als in vielen Fällen rein freiwillige Methode zum gegenseitigen Informationsgewinn (im Gegensatz zu in einigen OMK-Prozessen vorhandenen Berichtspflichten, z.B. im Rahmen der EBS oder der wirtschaftspolitischen Koordinierung) kann die Methode auch in Bereichen angewandt werden, in denen die Zuständigkeit der EU streng genommen nicht gegeben ist.[139]

Die Freiwilligkeit in den OMK-Prozessen bedeutet allerdings nicht, dass sich die nationalen Regierungen einer Veränderung ihrer Politik völlig entziehen können. Der Druck, den die OMK ausübt, beruht auf dem Prinzip von „naming and shaming". Eine schlechtere Entwicklung einzelner Staaten in dem jeweiligen OMK-Bereich wird offengelegt und erzeugt Fragen nach dem Warum. Nationale Regierungen sehen sich plötzlich dem direkten Vergleich mit den Erfolgen besserer Politik in anderen Staaten ausgesetzt.[140] Es entspricht dem Selbsterhaltungstrieb von Regierungen diesem Druck nachzugeben.

6.2 Politikerfolge über Wissenszuwachs und Gruppendruck

Die OMK dient der Erkenntnis um die bestehenden Probleme und der besten Wege zu Ihrer Lösung.[141] Es soll eine „best practise" identifiziert werden, wobei klar ist, das diese best practise nicht pauschal in allen Mitgliedsstaaten oder Regionen einheitlich angewandt werden kann. „Benchmarks" bestimmen zu erreichende Ziele, aber um den Weg zur Erreichung gibt es gleichzeitig einen neue Erkenntnisse schaffenden Wettbewerb.

Es ist nicht zufällig, dass die OMK gerade im Bereich sozialer Fragen Anwendung findet. Gerade hier sind die Zukunftsprobleme besonders groß, gerade hier steht das Europäische Modell des Sozialstaates in der Gefahr von anderen Systemen wirtschaftlich überholt und abgehängt zu werden. Doch bei den Versuchen, das europä-

---

[138] Kommission der Europäischen Gemeinschaften (2001a), S. 29; Scott, J. /Trubek, D. M. (2002), S. 15f.

[139] Borrás, S. / Jacobsson, K. (2004), S. 201; Mandl, U.(2003), S. 10.

[140] Borrás, S. / Jacobsson, K. (2004), S. 189.

[141] de Búrca, G. / Zeitlin, J. (2003), S. 2; Mosher, J. S. / Trubek, D. M. (2003), S. 76; Trubek, D. M. (2002), S. 2.

ische Sozialstaatsmodell[142] zu retten, eine europäische Lösung zu finden,[143] gibt es keine einheitlichen Lösungen, denn dafür sind die nationalen Systeme der sozialen Sicherung und die Struktur der Bevölkerung zu unterschiedlich.[144] Insofern bedarf es eines flexiblen Systems das nationale oder regionale Besonderheiten besonders berücksichtigt. Selbst wenn man hier nicht zu einheitlichen Lösungen kommt, so dient die OMK doch der Erkenntnis um die jeweils anderen Systeme. Dies stellt einen Wissenszuwachs dar, lässt über den bisherigen Tellerrand hinausblicken und regt Denkprozesse über die eigenen nationalen Systeme an. Die OMK kann hier Katalysator für nationale Veränderungen sein und den Reformwillen in Ländern, die einem erfolgreichen Beispiel eines anderen Landes folgen wollen, verbessern.[145] Aber auch wenn es keine erfolgreichen Beispiele in anderen Ländern gibt, so bringt die OMK doch das Thema auf die politische Agenda. Dies lässt sich z.B. für die Themen Beschäftigungspolitik und Bekämpfung der sozialen Ausgrenzung feststellen.[146]

Die erzeugten Benchmarks mögen unverbindlich sein, erzeugen aber gleichwohl politischen Druck, der die Mitgliedsstaaten zum politischen Handeln auf nationaler Ebene zwingt. Keine nationale Regierung möchte eine Leistungsbilanz aufweisen, die sie beim Benchmarking im internationalen Leitungsvergleich als im unteren Teil einer Rangliste erscheinen lässt.[147]

6.3 Förderung von Zusammenarbeit und Wissenstransfer

Die wohl größte Stärke und Chance der OMK liegt in den mit ihr verbundenen Lernprozessen einer Vielzahl von Akteuren auf einer Vielzahl von sehr verschiedenen Ebenen.[148] Sie fördert Partnerschaften und neue Arbeitsmethoden sowohl auf nationaler Ebene wie auf EU-Ebene.[149]

Die obige Darstellung ausgewählter OMK-Prozesse zeigt die Komplexität der Prozesse. Hierbei treffen Politik, Bürokratie, Wissenschaft und Interessenvertretungen von Bürgern und Unternehmen in vielfältiger Weise wiederkehrend aufeinander.

So ist Teil der OMK-Prozesse die Bildung von Expertengruppen, derer sich Rat und Kommission bedienen und die ungefähr einmal im Monat tagen. Hier wird das gegenseitige Lernen über Länder, Institutionen und Parteien hinweg gefördert. Na-

---

[142] Begg, I. / Berghman, J. (2002), S. 182; Borrás, S. / Jacobsson, K. (2004), S. 186.

[143] Mandl, U.(2003), S. 15.

[144] Zeitlin, J. (2005b), S. 2.

[145] Mandl, U. (2003), S. 50.

[146] Zeitlin, J. (2005b), S. 4.

[147] Bauer, M. / Knöll, R. (2003), S. 33.

[148] Borrás, S. / Jacobsson, K. (2004), S. 189; Maher, I. (2004), S. 2; Porte, C. D. L. / Pochet, P. / Room, G. J. (2001), S. 293.

[149] Kommission der Europäischen Gemeinschaften (2002d), S. 2.

türlich gilt dies nicht nur im Rahmen informeller Expertengruppen sondern auch im Rahmen der schon im EGV verankerten traditionellen Ausschüsse wie dem Beschäftigungsausschuss (Art. 130 EGV), dem Ausschuss für Sozialschutz (Art. 144 EGV), dem Wirtschafts- und Finanzausschuss (Art. 114 EGV) und dem Wirtschafts- und Sozialausschuss (Art. 257 EGV). In einigen OMK-Prozessen organisiert die Kommission zudem freiwillige Untersuchungen auf nationaler Ebene, in der die dortigen Sozialpartner und Experten die Praktiken der Mitgliedsstaaten untersuchen und die besten Praktiken herauszufinden versuchen.[150]

Hier hält die Wissenschaft verstärkt Einzug in die europäische Ebene, sowohl wenn es um die Erstellung der Indikatoren geht, als auch bei der Evaluation der Ergebnisse. Dabei ist insbesondere die Auswahl der Indikatoren von besonderer Wichtigkeit, denn die Auswahl der Indikatoren auf EU-Ebene bestimmt auch gleichzeitig, an welchen nationalen „Stellschrauben" die Mitgliedsstaaten zu drehen haben, um eine Bewegung der Indikatoren zu erreichen und damit als „Aktiver Teilnehmer" oder als „Verweigerer" zu gelten.

Das Interesse bereits an der Indikatorenerstellung ist groß und fördert die allgemeine Diskussion interessierter Fachkreise in den OMK-Bereichen. Natürlich schalten sich auch Lobbygruppen verschiedenster Art in den Prozess ein. Weitaus mehr als in anderen Verfahren wird die Bürokratie hier zum Mittler zwischen Politik, Wissenschaft und Lobbyisten. [151]

Der Einfluss der Politik wird dabei zumindest im Prozess der Indikatorenerstellung gegenüber anderen Wegen der Politikgestaltung reduziert. Denn anstatt auf Parteibasis ein Programm zu entwickeln kommt es bei den OMK-Prozessen zu einer breiten Analyse über die Grenzen einzelner Institutionen hinweg. Dies führt zu einer stärkeren Gleichwertigkeit der Akteure, zu einer horizontalen Politikgestaltung.

Durch die Evaluation der Ergebnisse wird Politik messbar. Dies kann sachfremde Erwägungen bei politischen Entscheidungen vermindern.

Der breite Wissenstransfer ist eine gute Basis für die optimierte Entwicklung und Bewertung von Problemlösungsstrategien. Selbst wenn die Akteure dabei keine gemeinsamen Lösungen finden, so ist es doch möglich, dass zumindest neue Lösungen für einzelne Mitgliedsstaaten gefunden werden.

Allerdings ist auch darauf hinzuweisen, dass die offene Diskussion in einigen Ausschüssen zusehends durch Einbindung in die Alltagsarbeit eingeschränkt wird und

---

[150] Tucker, C. M (2003), S. 7.

[151] Berghman, J. / Okma, K. G. (2002), S. 337.

34

diese nach ihrer Etablierung auch eine Rolle als eher politisches Forum annehmen, wie Jacobssen und Vifell z.B. für den Beschäftigungsausschuss ausführen.[152]

6.4 Überwinden von Institutionsgrenzen

Das gegenseitige Lernen aus der OMK darf nicht auf die Mitgliedsstaaten allein bezogen werden. Die OMK bindet eine Vielzahl von Akteuren ein und bringt diese an einen bzw. eine Vielzahl von gemeinsamen Tischen. Die OMK überwindet nationale Selbstgerechtigkeit, denn durch sie werden nationale Besonderheiten Teil eines internationalen Vergleichs.[153] Hierbei entstehen gemeinsame Auffassungen über Länder-, Partei- und Institutionsgrenzen hinweg. Starre Fronten, die sich aus derartigen Grenzen ergeben, können aufgebrochen werden. Es bilden sich bei den entscheidenden Akteuren im optimalen Fall gemeinsame Ansichten über den richtigen Weg.

Allein die ständige Beschäftigung mit der Umsetzung einer Politik bietet Chancen die Akteure an die politische Idee zu binden. In der dauernden Beschäftigung mit der Idee im Rahmen eines OMK-Prozesses liegt implizit die Anerkennung der Notwendigkeit. Sie führt im Idealfall zur Identifizierung mit dem Ziel und verändert so zunächst das Bewusstsein der Akteure und hilft auf diese Weise, gegebenenfalls auch die Situation zu verändern.[154]

Betrachtet man hard law wie die traditionelle Gemeinschaftsmethode als Methode zur Durchsetzung bestimmter Ideen, so muss man sich die Frage stellen, ob mit den Mitteln des hard law wirklich immer eine reale Durchsetzung erfolgt, oder ob die Kraft, die von einer gemeinsamen Überzeugung ausgeht, selbst wenn es im Rahmen einer soft law Methode wie den OMK-Prozessen geschieht, nicht letztlich für eine wesentlich effizientere Umsetzung dieser Ideen sorgt. Im Zweifel wird die gefühlte Verpflichtung das als den „richtigen" Weg erkannte zu tun für eine bessere Umsetzung sorgen als der gegebenenfalls inneren Widerstand hervorrufende Zwang durch Regelungen im Wege des hard law.[155]

6.5 Förderung der Subsidiarität

Als dezentrale Methode soll die OMK nicht nur die EU und die Mitgliedsstaaten sondern auch die regionalen, lokalen und sozialen Partner und die Zivilgesellschaft einbeziehen[156] (wobei das reale Ausmaß der Einbindung allerdings den Mitgliedstaaten überlassen bleibt[157]). Auf diesem Weg dient die OMK auch dem Grundsatz der

---

[152] Jacobsson, K. / Vifell, A. (2003), S. 9.

[153] Eichenhofer, E. (2003), S. 52.

[154] Tucker, C. M (2003), S. 4.

[155] Finnemore, M. / Troope, S. J. (2001); Tucker, C. M (2003), S. 8 f.

[156] Kaiser, R. / Prange, H. (2002), S. 6.

[157] de Búrca, G. (2003), S. 16.

Subsidiarität,[158] wie er in Art. 5 EGV und des Art. 2 EUV verankert ist.[159] Die Beteiligung der Ebene der Betroffenen kann zu einem breiten Konsens führen, der mehr Integrationskraft hat, als der Weg über die traditionelle EU-Gesetzgebung. Während letztere den Betroffenen von oben „übergestülpt" wird gibt die OMK ihnen die Gelegenheit eine gewisse Form von Einfluss auf die Entscheidungen zu nehmen. Dies macht es leichter die Entscheidungen zu akzeptieren und ihnen somit zu folgen.

Allerdings ist auch zu berücksichtigen, dass die OMK die Möglichkeit bietet, EU-Politik in Bereichen zu betreiben, in denen die EU nicht mit einem in den Verträgen fixierten Mandat ausgestattet ist. Die Kommission wird so in die Lage versetzt Kooperationen in Bereichen voranzutreiben oder in Bereiche hineinzusteuern, die unter Subsidiaritätsgesichtspunkten nicht in die EU-Zuständigkeit fielen. Dies ermöglicht eine gewisse Umgehung des Subsidiaritätsprinzips.[160]

6.6   Nachhaltigkeit

Der OMK-Prozess ist dahingehend angelegt auf lange Sicht zu arbeiten. Wenn auch die Leitlinien bisher jährlich erneuert wurden (ein Umstand, auf den bei den Vorschlägen zur Optimierung der OMK unten eingegangen wird) sind die Zielsetzungen doch eher langfristig, auch wenn sie – wie der Lissabon-Prozess – sehr ambitioniert sind.

Der laufende Kontakt der Beteiligten, das konstante Abstimmen von Ansichten, Vergleichen von Ergebnissen und Konstruieren von Methoden gibt den Beteiligten Zeit miteinander zu arbeiten, voneinander zu lernen und herauszufinden, was sie bereits an gemeinsamen Elementen haben. Auf diese Weise bereitet die OMK den Weg für eine konstantere Entwicklung der EU weg von einzelnen Akteuren, welche durch nationale Wahlen beeinflusst oder ersetzt werden können.[161]

Die Erkenntnis des Gemeinsamen bildet bei den Beteiligten der verschiedenen Länder und verschiedenen Politikebenen im Idealfall eine persönliche positive Haltung zur Europäischen Integration, wie sie womöglich auf dem Wege der Gemeinschaftsmethode nicht erreicht werden könnte.

6.7   Höhere Reaktionsgeschwindigkeit

Trotz des nachhaltigen Ansatzes und trotz des langwierigen Prozesses der Indikatorenerstellung und Absprache von Leitlinien ist die OMK bezüglich ihrer Reak-

---

[158] Europäischer Rat von Lissabon (2000), Nr. 38; Pochet, P. (2000),S. 90.

[159] Hodson, D. / Mahler, I. (2001), S. 728; Porte, C. D. L. / Pochet, P. / Room, G. J. (2001), S. 294.

[160] Borrás, S. / Jacobsson, K. (2004), S. 198; Zeitlin, J. (2005a), S. 5.

[161] Goetschy, J. (2001), S. 403.

tionsgeschwindigkeit auf Veränderungen der Situation der teils recht langsamen[162] Gemeinschaftsmethode überlegen.

Die Benutzung von hard law wie der Gemeinschaftsmethode dient gerade dazu, starre verlässliche Systeme zu schaffen und die Gefahren von Abweichungen zu minimieren.[163]

Dagegen ist die OMK auf Flexibilität eingerichtet. Jährliche Leitlinien oder zumindest jährliche Aktualisierungen von Leitlinien lassen schnelle Richtungsänderungen zu. Die begleitende Überwachung („monitoring") und peer group Analyse („peer review") geben im laufenden Verfahren bereits eine Rückkoppelung über die Erfolge und Misserfolge und ermöglichen eine rechtzeitige Anpassung der Leitlinien.

Als ständig laufendes System bedarf es bei der OMK für Änderungen keines völligen Neustarts einer Verhandlungsmaschinerie mit neu zu bestimmenden Akteuren wie häufig bei Verhandlungen über Richtlinien und Verordnungen. Die OMK ist daher auch nicht so anfällig für Verweigerungshaltungen, wenn einzelne Staaten Gesetzesvorhaben blockieren um sachfremde Fragen auf die Tagesordnung zu bringen (z.B. die Gibraltar-Problematik).

Damit ist die OMK wesentlich reaktionsschneller als die Gemeinschaftsmethode.

---

[162] Mandl, U.(2003), S. 14.

[163] Abbott, K. W. / Snidal, D. (2000), S. 422.

7 Schwächen und Risiken der OMK

7.1 Gefahren für die Demokratie in der Union

Eines der Hauptprobleme der OMK ist, dass sie eine Gefahr für die demokratische Entwicklung der EU werden könnte.[164] Die OMK stärkt die Rolle des Europäischen Rates, insbesondere seit dem Europäischen Rat von Lissabon.[165] Das Europäische Parlament ist nur sehr wenig in die OMK-Prozesse involviert, der Europäische Gerichtshof überhaupt nicht.[166] Selbst bei einem stark institutionalisierten OMK-Prozess wie der EBS wird das Europäische Parlament zwar angehört, aber es hat weder die Macht Entscheidungen zu treffen noch Maßnahmen zurückzuweisen. Das klassische – wenn auch ungleichgewichtige – Dreieck von Kommission, Rat und Parlament ist daher in Gefahr. Mehr noch: Der Europäische Rat bricht kraft seiner starken Stellung in der OMK entgegen seiner eigentlichen Aufgabe lediglich Impulse zu setzen (Art. 4 EUV) in dieses Dreieck ein. Indem der Europäische Rat die jährlichen Fortschritte der in der Lissabon-Strategie angelegten OMK-Prozesse überwacht und gegebenenfalls entsprechende Mandate festlegt, hat er seine eigene Rolle durch eine Ausweitung in den Verwaltungsbereich erheblich gestärkt.[167] Eine wachsende Zahl von OMK-Prozessen bedeutet bei Beibehaltung üblicher OMK-Strukturen eine Schwächung der übrigen Institutionen,[168] wobei in den OMK-Prozessen generell die Grenze zwischen Entscheidungsfindung und -umsetzung verwischt wird.[169] Die Kommission hat in den OMK-Prozessen nur eine steuernde Funktion, die schwächer ist als ihre sonstige Rolle im Rahmen der Gemeinschaftsmethode, in der sie durch Gesetzesvorschläge maßgeblich gestaltend tätig sein kann.[170] Fast völlig außen vor ist das Parlament. Neben dem Europäischen Rat haben allein die beratenden Ausschüsse eine Steigerung ihres Einflusses durch die OMK-Prozesse erfahren. Dagegen sind die Arbeitsgruppen, welche im Rahmen der Gemeinschaftsmethode Vorschläge für die Kommission vorbereiten, und die Arbeitsgruppen des Rates nicht beteiligt.[171] Auch der Coreper ist nicht eingebunden, da z.B. der Wirtschafts- und Finanzausschuss (Art. 114 Abs. 2 EGV) und der Wirtschaftspolitische Ausschuss (durch Ratsentscheidung 74/122/EWG berufenes Beratungsgremium für den ECOFIN) direkt an den ECOFIN berichten.[172]

---

[164] Berghman, J. / Okma, K. G. (2002), S. 227; Eberlein, B. / Kerwer, D. (2002), S. 8.

[165] Borrás, S. / Jacobsson, K. (2004), S. 198.

[166] Mandl, U. (2003), S. 27; Pochet, P. (2000), S. 89.

[167] Mandl, U.(2003), S. 15; Tucker, C. M (2003), S. 20.

[168] de Búrca, G. (2003), S. 16.

[169] Borrás, S. / Jacobsson, K. (2004), S. 199.

[170] Mandl, U.(2003), S. 27 f.

[171] Borrás, S. / Jacobsson, K. (2004), S. 198; Jacobsson, K. / Vifell, A. (2003), S. 7.

[172] Borrás, S. / Jacobsson, K. (2004), S. 198; Jacobsson, K. / Vifell, A. (2003), S. 7; Mandl, U.(2003), S. 28.

Abgesehen vom Mangel an parlamentarischer Kontrolle gibt es zusätzlich auch die generelle Frage der Kontrolle jedes einzelnen OMK-Prozesses als ganzes, da eine große Vielzahl von Akteuren in jeden dieser Prozesse involviert ist. Dieser Kontrollmangel gibt den Lobbyisten größere Aktionsmöglichkeiten. OMK-Prozesse bedeuten einen großen Einfluss von Spezialisten des jeweiligen Bereiches während der Einfluss des breiten Publikum begrenzt ist. Dies ergibt sich schon aus dem sehr technischen Ansatz viele OMK-Prozesse. Dieser ist häufig zu speziell, komplex und unübersichtlich[173] als das er zur Berichterstattung der Presse und Diskussion durch die Öffentlichkeit einlädt. Daher ist die Aufmerksamkeit und das öffentliche Bewusstsein selbst für den etabliertesten OMK-Prozess, die EBS, sehr beschränkt.[174] Der Einfluss nationaler Parlamente ist ebenso limitiert mit bestenfalls unregelmäßigen Debatten über die OMK-Prozesse.

Die OMK-Prozesse selbst ermangeln insofern einer demokratischen Legitimität, trotz möglicherweise qualitativ hoher Ergebnisse. Schon der Umstand, dass die meisten Tagungen der beratenden Ausschüsse hinter verschlossener Tür stattfinden belegen diesen Mangel.[175] Ableiten können sie ihre Legitimität allenfalls über die Mitgliedsstaaten selbst. Dieser Rückgriff aber kann nicht als Fortschritt in Richtung einer Integration in Richtung gemeinsamer Gremien der EU gewertet werden.

Darüber hinaus stellen die OMK-Prozesse aber auch eine Gefahr für die demokratische Legitimation der Entscheidungsprozesse in den Mitgliedsstaaten selbst dar. Als eher intergouvernemental angelegtes Instrument könnte man vermuten, das immerhin die Akteure der jeweiligen nationalen politischen Arena ausreichend eingebunden sind. Dies ist aber nur ungleichmäßig der Fall. Bei den Grundzügen der Wirtschaftspolitik gibt es keine formalen Beteiligungsregeln, einzig in der Beschäftigungspolitik existieren sie.[176] Doch schien auch beim Beispiel der EBS die Beteiligung der regionalen und lokalen Kräfte mit Ausnahmen in einigen Ländern unzureichend.[177] Daher zeigen sich in der EBS zum Beispiel kaum Beispiele des Lernens von lokalen erfolgreichen Initiativen und ihrer Verbreitung auf der EU-Ebene.[178] Ein gleiches Beteiligungsdefizit gilt für die nationalen Parlamente[179] und in Deutschland auch die Landesparlamente.[180] Die deutschen Länderparlamente sehen sich hier einer Situation ausgesetzt, in der ihre Gestaltungsmöglichkeiten immer mehr beschränkt werden, sie die anderswo beschlossene Politik aber gleichwohl gegenüber

---

[173] Mandl, U.(2003), S. 49.

[174] Jacobsson, K. / Schmid, H. (2002), S. 3.

[175] Jacobsson, K. / Schmid, H. (2002), S. 6; Mandl, U.(2003), S. 31.

[176] Borrás, S. / Jacobsson, K. (2004), S. 199.

[177] Jacobsson, K. / Schmid, H. (2002), S. 3.

[178] Jacobsson, K. / Schmid, H. (2002), S. 4.

[179] Borrás, S. / Jacobsson, K. (2004), S. 199.

[180] Goetschy, J. (2003), S. 291.

den Bürgern vertreten müssen. Hierbei finden nach Ansicht der Bundesregierung die Beteiligungsregeln nach Art 23 des Grundgesetzes auf die im Europäischen Rat getroffenen Absprachen zu OMK-Prozessen keine Anwendung.[181]

Insgesamt betrachtet stellen die OMK-Prozesse eine Machtverschiebung in Richtung der intergouvernementalen Exekutiven dar. Es geht nicht um den fernen Zielgedanken der Schaffung eines europäischen Bundesstaates, sondern um verbündete Regierungen der Mitgliedsstaaten. Entgegen demokratischer Traditionen wird die Politikgestaltung vermehrt horizontal gestaltet. Parlamente und regionale Einrichtungen verlieren an Einfluss. Dies wird im Grunde auch nicht dem Subsidiaritätsprinzip der EU gerecht.

7.2 Abkehr von der nachhaltig integrativen Kraft des hard law

Auch wenn die OMK die Bereiche europäischer Integration erweitern kann, so sollte sie doch die dauerhafte, wenn auch starrere Integration mit den Mitteln der Gemeinschaftsmethode nicht ersetzen.

Gleichwohl muss die OMK als genereller Trend in der EU vom bindenden Recht (hard law) hin zu weichen Regeln ohne Bindungskraft (soft law) gesehen werden,[182] die gefährlich für den Fortgang der Entwicklung weiterer Regeln mit Bindungskraft sein kann.[183] Die OMK könnte die Oberhand gewinnen gegenüber der Gemeinschaftsmethode der Integration, auf diese Weise eine Gefahr für die Schaffung einheitlicher Regelungen oder gar für bereits geschaffene Regelungen werden[184] und letztlich Programme und Zielsetzungen verwässern.[185] Die EBS war z.B. insbesondere schwach bezüglich der Implementierung von Arbeitnehmer- und sozialen Rechten.[186] Notwendige Maßnahmen wurden verschoben und durch – aus rechtlicher Sicht betrachtet – schwächere Maßnahmen ersetzt.

Selbst wenn es keine Erosion der vorhandenen Integrationserfolge gibt, so ist es gleichwohl Sache der Mitgliedsstaaten, ob sie die Leitlinien letztlich in ihre nationale Politik implementieren. Es gibt keine rechtlichen Sanktionen.[187] Dies kann zu einer eher zersplitterten Lage in der EU führen, wo viele der Leitlinien nicht angemessen umgesetzt werden.

---

[181] Bauer, M. / Knöll, R. (2003), S. 38.

[182] Trubek, D. M. (2002), S.1.

[183] de Búrca, G. / Zeitlin, J. (2003), S. 2; Goetschy, J. (2003), S. 289; Hodson, D. / Mahler, I. (2001), S..727.

[184] Zeitlin, J. (2005a), S. 5.

[185] Mosher, J. S. / Trubek, D. M. (2003), S. 64; Goetschy, J. (2003), S. 289.

[186] Ball, S. (2001), S. 369.

[187] Goetschy, J. (2001), S. 403; Regent, S. (2003), S. 214.

40

Die Regierungen der Mitgliedsstaaten haben in der Vergangenheit erfahren, dass es die Organe wie die Kommission oder der Europäische Gerichtshof verstanden haben, die Ihnen übertragenen Kompetenzen auszuweiten.[188] Die Stärkung der OMK kann auch als Versuch der Regierungen der Mitgliedsstaaten verstanden werden, derartige ungeplante Souveränitäts-Abgaben zukünftig zu vermeiden, indem diese Organe in weiteren Prozessen nur untergeordnete Rollen erhalten.[189]

Auch die Organe der EU sehen die Gefahr, dass die OMK die Schaffung europäischer Gesetze behindern könnte. So führt beispielsweise der Ausschuss der Regionen in seiner Stellungnahme zu den Vorschlägen der Kommission für OMK-Prozesse in den Bereichen Migration und Asyl aus, er würde es bedauern, wenn durch die Anwendung der OMK auf die Umsetzung anstehender legislativer Maßnahmen verzichtet würde. Die OMK könne keinen Ersatz für den zu schaffenden legislativen Rahmen darstellen.[190]

In ihrem Weißbuch Europäisches Regieren[191] führt die Kommission zurecht aus, dass die OMK nicht in Anspruch genommen werden sollte, wenn ein gesetzgeberisches Tätigwerden im Rahmen der Gemeinschaftsmethode möglich ist. Vielmehr sollte die OMK folgende Bedingungen aufweisen: Es sollten bestimmte Ziele des Primärrechts verwirklicht, Verfahren für regelmäßige Berichte an das Europäische Parlament festgelegt und die Kommission eng eingebunden werden und die gewonnenen Daten und Informationen sollten uneingeschränkt verfügbar sein.

7.3   Das Indikatorenproblem

Es wurde bereits erwähnt, dass die Einigung auf bestimmte Indikatoren zur Messung von Erfolg oder Misserfolg ein Grundelement der OMK ist. Sie ist allerdings auch ein Grund-Problem, denn die Zuverlässigkeit und der Wert von Indikatoren ist immer wieder Gegenstand der Diskussion.[192]

Die Indikatoren sollen die Resultate politischer Maßnahmen, z.B. die Auswirkungen der entsprechend den Nationalen Aktionsplänen im Rahmen der EBS vorgenommenen Schritte, messbar machen. Die Situation vor und nach den Maßnahmen soll verglichen und so eine wissenschaftlich fundierte Basis – im Rahmen der EBS z.B für den jährlichen gemeinsamen Beschäftigungsbericht – geschaffen werden. Die wissenschaftliche Auswertung mittels Indikatoren ist indes schwierig.

---

[188] Schäfer, A. (2004), S. 2.

[189] Schäfer, A. (2004), S. 3 u. 11.

[190] Wirtschafts- und Sozialausschuss (2002), S. 50.

[191] Kommission der Europäischen Gemeinschaften (2001a), S. 29.

[192] Zängle, M. (2004), S. 2.

Zunächst ist es eine hochkomplexe Aufgabe ein System mit einer Vielzahl von Indikatoren zu definieren. Einzelne Indikatoren allein geben keine vernünftige Aussage über die Wirkungen einer Politik. So wäre z.B. die bloße Senkung der Zahl der Arbeitslosen als Indikator wenig tauglich, wenn man außer Acht lassen würde, dass diese Zahl vielleicht im Wesentlichen auf dem Wegzug der Arbeitslosen aus dem Gebiet basiert oder nur Arbeitsstellen geringster Qualität und geringster Entlohnung geschaffen wurden. Ein Gesamtbild der Wirkungen einer Politik kann also nur über ein breites System von Indikatoren geschaffen werden.

Spätestens mit der Erweiterung der EU auf 25 Mitgliedsstaaten, die teils sehr abweichend voneinander strukturiert sind, wird es zudem immer schwieriger auf alle Staaten anwendbare Indikatoren zu finden, die eine wirkliche Vergleichbarkeit ermöglichen. Die Indikatoren müssen Spielraum für die Besonderheiten der Staaten lassen. Sie müssen darüber hinaus ständig sich verändernden Gegebenheiten angepasst werden. Gleichwohl müssen die Indikatoren relativ leicht zu handhaben sein, um ungenaue Messungen und Auswertungen zu vermeiden und in den Mitgliedsstaaten keine zu großen Erfassungslasten zu verursachen.

Jedes System von Indikatoren basiert auf einem bestimmten Verständnis der Wirkungsmechanismen eines politischen oder wirtschaftlichen Systems. Die Wahl der Indikatoren gibt vor, aus welcher Perspektive die Ergebnisse einer Politik bewertet werden, in gewisser Weise sogar in welche Richtung Politik gestaltet werden soll.[193] Die zugrundeliegende Theorie zur Wirkungsweise des jeweiligen Systems kann jedoch falsch sein. Es werden Zusammenhänge unterstellt, die nicht zwingend sind.[194] Es können mögliche Auswirkungen nicht bedacht sein. Da diese unvorhergesehenen Auswirkungen möglicherweise auf die definierten Indikatoren keine Auswirkungen haben, gleichwohl aber negative Effekte darstellen kann u.U. gedeckt durch die vorgeblichen Erfolge eine in der Gesamtschau schädliche Strategie als vermeintlich positive weiterverfolgt werden.

Daher ist bei der Festlegung von Indikatoren große Sorgfalt anzulegen,[195] was in der Vergangenheit nicht immer geschehen ist.[196] Die Kommission hat hier in verschiedenen Bereichen schon größere Anstrengungen unternommen. So werden zur Evaluation der EBS beispielsweise 40 Schlüsselindikatoren zur Messung des Fortschritts in Bezug auf die Ziele aus den Leitlinien und 26 Kontextindikatoren zur Analyse der Nationalen Aktionspläne verwandt.[197] In vielen Bereichen arbeitet die Kommissi-

---

[193] Wollmann, H. (2002), S. 93.

[194] Blaschke, D. / Plath, H.-E. (2000), S. 469.

[195] Wissenschaftszentrum Berlin für Sozialforschung (2001), S. 14.

[196] Seyfried, E. / Jaedicke, W. (2000), S. 47.

[197] Kommission der Europäischen Gemeinschaften (2003a); Beschäftigungsausschuss (2004).

on an der Entwicklung von Indikatorensystemen.[198] Gleichwohl besteht die Gefahr, dass die Erwartungen der Kommission an die Evaluation zu hoch sind.[199]

Ob ein ideales System von Indikatoren gefunden werden kann ist zweifelhaft. Auch indikatorgestützte Auswertungen werden also kritisch zu hinterfragen bleiben.

Es besteht die Gefahr, dass viele nationale und europäische Ressourcen mit diesen Indikatorenproblemen gebunden werden bzw. Indikatoren bewusst ausgewählt werden, um ein positives Bild der eigenen Politik zu vermitteln. Noch viel größer aber ist die Gefahr, dass die nationale Politik sich mehr an der Wirkung auf die Indikatoren konzentriert als auf die Erreichung des Politikzieles selbst.[200]

7.4 Die OMK als Deckmantel

In vielerlei Hinsicht besteht die Gefahr, das die OMK als Deckmantel missbraucht wird, was zumindest Zweifel wecken kann, ob die OMK wirklich aufgrund ihrer funktionellen Vorteile gewählt worden ist.[201] Es kann für die Regierungen der Mitgliedsstaaten vielfach innenpolitische Gründe geben, den Einfluss der OMK-Prozesse – unabhängig von ihrem wirklichen Effekt – hinauf- oder herunterzuspielen.[202]

Die OMK kann, wie oben dargestellt, eine von der Öffentlichkeit relativ unbemerkte schleichende Entwertung von Kommission, Europäischem Parlament und Europäischem Gerichtshof bedeuten.

Sie kann auch eine Inaktivität der Mitgliedsstaaten in einzelnen Politikbereichen verdecken. Anders als im Bereich der Gemeinschaftsmethode besteht keine Zwang zur Umsetzung der Leitlinien. So bemängelte das Europäische Parlament z.B. zu den Grundzügen der Wirtschaftspolitik, dass es an einer ausreichenden Umsetzung durch die Mitgliedsstaaten mangele.[203] Die Methode der Empfehlungen an einzelne Mitgliedsstaaten, die eine gesonderte Öffentlichkeit erzeugen, steht nur in einigen OMK-Prozessen zu Verfügung. Bereits vor der Umsetzung muss man sich aber die Frage stellen, ob nicht bereits die Zielsetzungen wirklich ambitioniert sind, oder ob es sich mehr um eine Übung in Statistik handeln könnte.[204] Hier drängt sich z.T. der Eindruck auf, dass die beschlossenen Ziele dem entsprechen, was nationale Regierungen ohnehin auf der Agenda gehabt haben und so ein ernsthafter Effekt auf die

---

[198] vgl. z.B. Düll, Nicola (2004).

[199] Seyfried, E. / Jaedicke, W. (2000), S. 47.

[200] Mandl, U. (2003), S. 49.

[201] Schäfer, A. (2004), S. 2.

[202] Zeitlin, J. (2005a), S. 8 f.

[203] Europäisches Parlament, Ausschuss für Wirtschaft und Währung (2003), S. 6 und 23.

[204] Borrás, S. / Jacobsson, K. (2004), S. 195.

Politik der Mitgliedsstaaten nicht erkennbar ist.[205] Deutlich wird dies z.B. bei der EBS, bei der Mitgliedsstaaten bereits vorher mit Aktivitäten beschäftigt waren, die dann bei oberflächlicher Betrachtung als Produkt der EBS verstanden wurden.[206] Der im August 2004 vorgelegte Abschlußbericht des Govecor-Projekts, ein internationales und multidisziplinäres Forschungsprojekt mit einer Laufzeit von 30 Monaten mit dem Thema Europäisches Regieren durch Selbstregulierung, kommt zu dem Schluss, dass es noch immer wichtige prozedurale Hindernisse auf der Ebene der Mitgliedsstaaten und der EU gibt, die einer Erreichung der OMK-Ziele entgegenstehen.[207] Soweit es um die Kernfrage des Projektes geht, die Untersuchung der Frage, ob die europarechtlichen Vorschriften über die Koordinierung der Wirtschaftspolitiken der Mitgliedsstaaten zu mehr politischer Integration führten, so kommt der Bericht zu dem Schluss, dass im untersuchten Zeitraum 1997 bis 2003 die Politikkoordination durch die OMK letztlich weder die nationalen Wirtschaftspolitiken noch die europäische Sicht hierzu verändert oder merklich beeinflusst hat.[208]

Weiterhin verdeckt die Politikgestaltung mit OMK-Prozessen auch die Tatsache, dass den traditionellen EU-Organen zur Politikgestaltung damit nicht nur weniger Kompetenzen, sondern auch weniger finanzielle Mittel zur Verfügung stehen. Die Wahl z.B. die Beschäftigungspolitik mit der OMK zu steuern basierte auch auf der Überlegung, kostspielige Programme auf der EU-Ebene zu vermeiden.[209] Damit werden gerade der Kommission wertvolle Steuerungsmöglichkeiten durch die diversen Förderprogramme entzogen.

Eine weitere Deckmantelfunktion bietet die EU ohnehin, sie wird jedoch durch die OMK noch reizvoller: Nationale Regierungen können unliebsame Maßnahmen gegenüber der eigenen Wählerschaft damit erklären, dass diese seitens der EU vorgegeben seien.[210] Auch wenn die Erklärung zu kurz greift, denn die Grundlage der Maßnahmen liegt in der Regel in einem gemeinsamen Beschluss aller Regierungen auf EU-Ebene, so ist sie gleichwohl beliebt. Während aber bei der traditionellen Gemeinschaftsmethode nachfolgende Regierungen durch die vorhergehenden Entscheidungen gebunden sind, kann bei der OMK dagegen die vermeintliche Verantwortung genauso (falsch) auf die EU abgewälzt werden, ohne sich dies mit dem Preis einer langfristigen Bindung zu erkaufen.[211]

---

[205] Zeitlin, J. (2005a), S. 5.

[206] Kommission der Europäischen Gemeinschaften (2002d), S. 10.

[207] Govecor research project (2004), S. 102.

[208] Govecor research project (2004), S. 88.

[209] Goetschy, J. (1999), S. 125.

[210] Zeitlin, J. (2005b), S. 10.

[211] Schäfer, A. (2004), S. 11.

8 Erfolg oder Misserfolg der OMK? Das Beispiel EBS

8.1 Generelle Probleme der Erfolgsmessung von OMK Prozessen

Wird die OMK der oben dargestellten theoretischen Fundierung gerecht? Der oben zitierte Abschlußbericht des Govecor-Projekts sieht für den Bereich der Koordinierung der Wirtschaftspolitiken keine Erfolge. Die Untersuchung der Erfolgsrate der OMK-Prozesse ist dabei schwierig, denn die OMK weist ein empirisches Defizit auf.[212] Die verfügbaren Daten sind oft veraltet und meist nur aus offiziellen Quellen.[213] Unter dem Begriff OMK laufen viele höchst unterschiedliche und damit schwer vergleichbare Prozesse. Die Prozesse sind zu neu, um auf eine ausreichende Datenbasis zurückgreifen zu können. Die horizontale und vertikale Funktionsweise der OMK lässt schwer aussagekräftige Messkriterien für ihre Wirksamkeit definieren.

Diese Frage der Wirksamkeit der OMK oder der Prüfbarkeit der Wirksamkeit sollte daher nicht in abstrakter Weise unternommen, sondern an einem konkreten OMK-Prozess untersucht werden.

Für eine Untersuchung des Effekts der OMK wird hier beispielhaft die EBS als der etablierteste OMK-Prozess ausgewählt und der Frage nachgegangen, ob die EBS einen Einflusses auf die Beschäftigungsentwicklung nahm und ob nationale Politiken bezüglich des Beschäftigungsproblems hierdurch beeinflusst wurden und werden.

8.2 Erfolgsmessung der EBS

Die EBS umfasst nicht alle Politiken, die die Beschäftigungslage beeinflussen: Wichtige Politiken betreffend die Finanzen, die Währung und die Gehälter, die allesamt Wachstum und Beschäftigung beeinflussen, sind nicht Teil der EBS. Mit diesen beschäftigen sich teilweise die „Grundzüge der Wirtschaftspolitik" (Art. 98 EGV), der 1999 unter dem Stichwort Europäischer Beschäftigungspakt initiierte Kölner Prozess der makroökonomischen Koordinierung der Finanz-, Geld- und Lohnpolitiken[214] und die Europäische Zentralbank. Die EBS zielt allein auf die strukturellen Gründe für Arbeitslosigkeit und ist daher in ihren Möglichkeiten begrenzt.[215]

Für eine Bewertung der ökonomischen Resultate der EBS muss man die Entwicklung der Beschäftigungslage der letzten Jahre untersuchen und diese mit den erwähnten vier Säulen der EBS von 1997 vergleichen. Liest man den im Jahre 2002 er-

---

[212] Zeitlin, J. (2005a), S. 8.

[213] Zeitlin, J. (2005b), S. 1.

[214] Ball, S. (2001), S. 358.

[215] Mosher, J. S. / Trubek, D. M. (2003), S. 71.

stellten 5-Jahres-Bericht der Kommission über die Ergebnisse der EBS so erscheint die Strategie ein großer Erfolg zu sein.[216] Zehn Millionen Arbeitsplätze wurden seit 1997 geschaffen (die zu 60 % von Frauen besetzt wurden) und vier Millionen Menschen weniger sind ohne Arbeit. Die Kommission glaubt, dass das Maß struktureller Arbeitslosigkeit reduziert, eine beschäftigungsintensivere Struktur des Wachstums geschaffen und die Schnelligkeit der Reaktion des Arbeitsmarktes auf wirtschaftliche und soziale Veränderungen erhöht wurde.[217] Gleichwohl war die Entwicklung der Beschäftigungsrate zwischen Ländern, Regionen und sozialen Gruppen sehr ungleichmäßig.[218]

Ob aber die Verbesserungen der Beschäftigungssituation ein Resultat der EBS oder aber von anderen Einflüssen sind, ist eine offene und wissenschaftlich kaum belegbare Frage,[219] denn es kann keine Vergleichssituation gemessen werden, die ohne den vermeintlichen Einfuß der EBS die gleiche Zeitphase durchgespielt hätte.[220] Die technischen Schwierigkeiten einer Analyse des Einfluss der EBS sind nicht zu unterschätzen.[221] Während die EBS auf strukturelle Probleme des Arbeitsmarktes abzielt ist der Wechsel der Beschäftigungslage möglicherweise das Ergebnis ökonomischer Trends oder von Entwicklungen in anderen Politikbereichen. Die von der Kommission untersuchte Periode 1997 bis 2002 war eine Periode relativ schnellen Wachstums. Der Vergleich mit anderen großen Volkswirtschaften bringt auch keine verwertbaren Ergebnisse. Der japanische Markt hatte zwischen 1997 und 2002 landesspezifische Probleme, der Beschäftigungsmarkt der USA hat eine wesentlich andere Struktur als der EU-Beschäftigungsmarkt. Zudem ist der Zeitraum 1997 bis 2002 für eine Bewertung langfristiger struktureller Veränderungen als verhältnismäßig kurz anzusehen.[222] Angesichts der Zeitverzögerung, die Maßnahmen struktureller Art auf die Volkswirtschaft grundsätzlich haben ist ein festzustellender Effekt der EBS in Frage zu stellen. Gleichzeitig könnten die Veränderungen der Beschäftigungspolitik auch als Ergebnis des politischen Drucks aufgrund der Globalisierung der Weltwirtschaft gesehen werden und nicht als Resultat der EBS. Wenn die EBS überhaupt einen Einfluss auf die Politiken der Mitgliedsstaaten hat, ist es schwierig diesen zu bewerten, da diese Politiken durch eine Vielzahl von Faktoren beeinflusst werden.

Zängle stellte 2004 innerhalb der letzten Dekade eine – allerdings nur sehr leichte – Konvergenz der Beschäftigungssituation in den Mitgliedsstaaten fest.[223] Nach An-

---

[216] Kommission der Europäischen Gemeinschaften (2002d).

[217] Kommission der Europäischen Gemeinschaften (2002a), S. 8.

[218] Eichenhöfer, E. (2003), S. 53; Goetschy, J. (2001), S. 405.

[219] Goetschy, J. 2003, S. 290.

[220] Zängle, M. (2004), S. 5.

[221] Zeitlin, J. (2005b), S. 4.

[222] Kommission der Europäischen Gemeinschaften (2002d), S. 7.

[223] Zängle, M. (2004), S. 6 u. Tabelle 2.

gaben der Europäischen Kommission[224] führte die EBS in der Periode 1997 bis 2002 dagegen zu einer signifikanten Konvergenz der nationalen Beschäftigungspolitiken in Richtung der Vorgaben durch die EBS. Der Ansatz der Mitgliedsstaaten wandelte sich von einer bloßen Verwaltung der Arbeitslosigkeit zu einer aktiven Steuerung des Beschäftigungswachstums. Steuer- , Ausbildungs- und Fortbildungssysteme und die rechtlichen Regelungen des Arbeitsmarktes wurden angepasst um flexiblere und beschäftigungsfreundlichere Rahmenbedingungen zu schaffen. „Gender Mainstreaming" ist mittlerweile genauso auf der täglichen Agenda wie die Gedanken lebenslangen Lernens und der Qualität der Arbeitsplätze.

Die Kommission selbst aber räumt ein, dass eine Reihe von Mitgliedsstaaten bereits vor der Einführung der EBS dabei waren Maßnahmen durchzuführen, die mit den grundlegenden Prinzipien der Aktivierung und Prävention weitgehend übereinstimmten.[225] Studien über den Einfluss der EBS auf einzelne Mitgliedsstaaten zeigen einen sehr unterschiedlichen Einfluss auf die einzelnen Länder.[226] Die nationalen Aktionspläne der Mitgliedsstaaten zeigen, dass die Probleme häufig nicht auf eine Weise angegangen werden, die als integrierter Ansatz hinsichtlich aller Säulen der EBS verstanden werden könnte oder in der alle Sozial-Partner in das Konzept integriert sind.[227] Daher ist es eine offene Frage, ob die konvergierenden Änderungen nationaler Beschäftigungspolitiken Produkt der EBS sind, oder auch ohne sie gekommen wären. Unklar ist auch, ob die EBS hilft "beggar my neighbour"-Strategien zu minimieren, negative Einwirkungen von außerhalb des Unionsbereiches zu vermeiden oder dazu führt, dass die Ressourcen zur Problembekämpfung besser auf EU Ebene zusammengefasst werden.

---

[224] Kommission der Europäischen Gemeinschaften (2002d) S. 8 ff.

[225] Kommission der Europäischen Gemeinschaften (2002d), S. 10.

[226] Mosher, J. S. / Trubek, D. M. (2003), S. 74 und 75.

[227] Goetschy, J. (2001), S. 410.

9 Bewertung und Verbesserung der OMK

9.1 Zusammenfassende Bewertung

Zusammenfassend stellt sich die OMK als Chance wie auch als Risiko dar.

Auf der einen Seite sind mit der OMK der Integration der EU neue Möglichkeiten eröffnet. So ist die OMK in einigen Bereichen die einzige Möglichkeit der EU für integrative Weiterentwicklung. Sie kann als „Dritter Weg" die Lücke zwischen Intergouvernementalismus und Supranationalismus schließen.[228] In einer mehr und mehr integrierten EU, die schon aufgrund der Erweiterungen um neue Mitgliedsstaaten wachsend heterogen ist, gibt es Bedarf für eine Vielzahl verschiedener Integrations-Methoden.[229] Die OMK erlaubt es den Mitgliedsstaaten, ihre nationale Souveränität und voneinander abweichende nationale Politiken grundsätzlich zu behalten, diese aber doch gleichzeitig auf EU-Ebene zumindest zu koordinieren. Sie macht Integration sogar über die vertraglich vereinbarten Politikbereiche hinaus möglich. Ihre Flexibilität erlaubt es auf Staaten Rücksicht zu nehmen, die sich dem Integrationstempo nicht anschließen mögen, ohne dass dadurch die Integration der restlichen Staaten gebremst wird.

Zudem ist die OMK wesentlich reaktionsschneller bei neuen Entwicklungen. Jährliche Aktualisierungen der Leitlinien bieten einen weit schnelleren Umsatz von Ideen, als die manchmal Jahrzehnte dauernde Schaffung neuer Richtlinien.

Die OMK identifiziert im Idealfall die besten Wege zur Problemlösung, bietet die Möglichkeit zu lernen. Ihre Wirkung basiert auf der Transparenz der Methoden zur Problemlösung und ihrer Ergebnisse. Politiken werden vergleichbar. Benchmarks und best practise sollen Richtlinien für das Handeln geben. Hier kann trotz der Flexibilität der Methode politischer Druck entstehen, der die Regierungen der Mitgliedsstaaten zu europafreundlich konvergierendem Handeln zwingt.

Die wissenschaftliche Begleitung bei der Indikatorenerstellung kann objektivere Vorgaben bieten, als rein politische Festlegungen. Dies gilt insbesondere auch in Hinsicht auf die Nachhaltigkeit, da der Zeithorizont politischer Entscheidungen häufig eher auf die Dauer der jeweiligen Wahlperioden zu den nationalen Parlamenten abgestimmt wird.

Ob man der best practise und den benchmarks allerdings immer trauen sollte ist zumindest kritisch zu hinterfragen. Die Bestimmung der Indikatoren gibt vor, welche Maßnahmen man ergreifen muss, um sie zu beeinflussen. Die erfolgreiche Steige-

---

[228] de Búrca, G. / Zeitlin, J. (2003), S. 2; Eberlein, B. / Kerwer, D. (2002), S. 2; Mandl, U. (2003), S. 17.

[229] Trubek, D. M. (2002), S. 2.

rung des Indikators heißt aber nicht automatisch, dass es in einer Gesamtbetrachtung eine bessere Politik für den Bürger war. Der Focus muss auf dem Politikziel liegen, nicht auf der Indikatorbeeinflussung.

Ob letztlich die OMK hinsichtlich ihres Politikzieles einen Erfolg darstellt, wird nicht immer leicht zu bewerten sein. Ob die EBS als in dieser Untersuchung herangezogenes Beispiel ein großer Erfolg ist oder nicht, lässt sich mangels der Möglichkeit eines Vergleichs mit einer Politik ohne EBS kaum feststellen.

Unstreitig aber bietet die OMK jedenfalls die Möglichkeit des gegenseitigen Kennenlernens der Akteure quer über Institutions- und Ländergrenzen hinweg. Wer schon länger zusammen arbeitet kann zusammen auch leichter neue Wege gehen und hierbei traditionelle institutionelle- und Ländergrenzen hinter sich lassen.

Bei der traditionellen Integrationsmethode der EU gingen die Regierungen der Mitgliedsstaaten in der Frage der EU-Integration voran, während die betroffenen Kreise später und nicht immer sehr willig nachzogen. Bei der OMK dagegen kann die Einigkeit der Gedanken zur Problemlösung in den betroffenen Kreisen, wenn diese denn breit beteiligt werden, eine starke integrierende Kraft entwickeln, der letztlich die Regierungen der Mitgliedsstaaten nachfolgen müssen.

So bietet die OMK gute Möglichkeiten der stärkeren Integration der EU und – richtig eingesetzt – eine Verstärkung des Prinzips der Subsidiarität.

Gleichzeitig sind die Gefahren aber nicht zu unterschätzen. Vor allem zwei Entwicklungen geben hier Anlass zur Sorge:
Zum einen stellen OMK-Prozesse einen erheblichen Aufwand dar. Da zudem die Zahl der OMK-Prozesse steigt muss verhindert werden, dass sich die EU und die Mitgliedsstaaten mehr um die Abarbeitung formeller Pflichten kümmern, als um die Politikziele selbst. Die Vielzahl der Prozesse lässt ihre Wechselwirkungen zudem immer unübersichtlicher erscheinen.

Zum anderen ist eine erkennbare Ursache der Zunahme der Beliebtheit der OMK, die sich in der zunächst gescheiterten Europäischen Verfassung fortsetzt, dass die OMK die Regierungen der Mitgliedsstaaten mit mehr Macht im europäischen Einigungsprozess ausstattet und die Macht von Kommission und Parlament beschneidet.[230] Dies ist eine bedenkliche Entwicklung. Die Vision vereinigter Exekutiven der Länder, die sich als Legislativen verstehen, demgegenüber aber andere Entscheidungsträger, auch z.B. die Parlamente der deutschen Bundesländer,[231] in Exekutiven umwandeln, widerspricht dem Grundverständnis von Demokratie.

---

[230] de Búrca, G. / Zeitlin, J. (2003), S. 4; Wessels, W / Linsenmann, I. (2002), S. 5.

[231] Zeitlin, J. (2005a), S. 5.

Zu den beiden Problembereichen seien im Folgenden Lösungsansätze dargestellt.

9.2 Vorschlag 1: Bessere Koordinierung der einzelnen OMK-Prozesse

Mittlerweile hat sich eine Vielzahl von OMK-Prozessen etabliert. Neben der EBS, den Grundzügen der Wirtschaftspolitik und der Politikkoordinierung im Rahmen des Stabilitäts- und Wachstumspaktes gibt es weitere spezielle Koordinierungs- und Konsultationsverfahren wie den Cardiff-Prozess und den Köln-Prozess.[232] Der Cardiff-Prozess – initiiert durch den Europäischen Rat von Cardiff 1998 – soll die Struktur des Binnenmarktes verbessern indem strukturelle Hemmnisse der freien Güter-, Dienstleistungs- und Kapitalmärkte beseitig werden, um die Wettbewerbsfähigkeit zu erhöhen und die Wachstumspotentiale auszuschöpfen. Die Mitgliedsstaaten müssen hierzu der Kommission jährliche Strukturberichte vorlegen, die diese bewertet und Empfehlungen ausspricht. Der Köln-Prozess des makroökonomischen Dialogs will die verschiedenen Verfahren zusammenführen, um eine Einheit zwischen Geld-, Fiskal-, Struktur- und Beschäftigungspolitik zu wahren und insbesondere die Sozial- und Tarifpartner in den Dialog mit Rat, Kommission und EZB einbinden. Auch die Bekämpfung sozialer Ausgrenzung und die Sicherung der Renten wurden in einen OMK-Prozess eingebunden.

Diese Verfahren sind jedoch keineswegs immer in einem geplanten koordinierten Prozess entstanden, sondern haben sich aus verschiedenen Gegebenheiten, zu verschiedenen Zeiten und teils mit verschiedenen Zielrichtungen entwickelt. Die Ziele Wettbewerb und soziale Annäherung des Europäischen Rates von Lissabon stehen beispielsweise durchaus in einem Gegensatz.[233] Auch die Zuständigkeiten können sich überlappen. So beschäftigen sich die wirtschaftspolitische Koordinierung und der OMK-Prozess zur Alterssicherung beide mit dem Thema Renten.[234]

Die verschiedenen Prozesse der OMK haben damit ein Koordinierungsproblem. Es besteht die große Gefahr, das die verschiedenen Leitlinien gegensätzliche Ziele oder Effekte fördern können und ein insgesamt nicht kohärentes System entsteht. Nach den Worten der Kommission trägt dies sogar dazu bei, *„das der Formulierung politischer Leitlinien mehr Aufmerksamkeit geschenkt wird als ihrer Umsetzung."*[235] Die Erfahrung mit Beschäftigungspolitiken der einzelnen Mitgliedsstaaten zeigt, dass jene Mitgliedsstaaten Beschäftigungsprobleme erfolgreicher bekämpften, die Maßnahmen makroökonomischer Politik, Strukturreformen des Arbeitsmarktes und andere Maßnahmen sinnvoll kombinierten anstatt nur einzelne Bereiche im Blick zu haben.[236]

---

[232] Schill, W. (2003), S. 1212.

[233] Borrás, S. / Jacobsson, K. (2004), S. 190; Tucker, C. M (2003), S. 14.

[234] Tucker, C. M (2003), S. 20.

[235] Kommission der Europäischen Gemeinschaften (2002e), S. 1 (Punkt I. 2).

[236] Goetschy, J. (2003), S. 285.

Die Kommission hat verschiedentlich erkannt und angemerkt, dass die einzelnen OMK-Prozesse aufeinander abgestimmt werden müssen. So weist die Kommission z.B. schon in ihren Vorschlägen für einen offenen Koordinierungsmechanismus für den Bereich der Migrationspolitik darauf hin, dass sie darauf achten würde, dass die Migrationspolitik die Politik in anderen Politikbereichen, insbesondere die Politik zur Förderung der europäischen Wirtschaft, die EBS, die Politik zur Förderung der sozialen Integration und die Strategie zur Bekämpfung von Diskriminierungen ergänzt und mit ihnen in Einklang stünde.[237]

Zwei Dinge erscheinen hier dringend notwendig: Zum einen müssen die Prozesse besser aufeinander abgestimmt werden. Zum anderen muss ein mittel- bis langfristigeres Denken Einzug halten. Beide Faktoren spielen ineinander.

Die Kommission selbst schlug bereits vor verschiedene OMK-Prozesse um wenige Termine im Jahr herum zu bündeln.[238] Letztlich wird nur eine regelmäßige Jahresplanung aller OMK-Prozesse dafür sorgen können, dass die Leitlinien aufeinander abgestimmt werden. Diese Abstimmung würde zu einer besseren Balance der einzelnen Prozesse und einer höheren Effektivität führen.[239] Der Koordinierungsaufwand sollte dabei nicht unterschätzt werden. Er bedeutet, sich einen Überblick über alle geplanten Leitlinien zu verschaffen und deren Auswirkungen auch in andere Politikbereiche abzuschätzen. Interdependenzen müssen hierzu analysiert werden. Z.B. können beschäftigungspolitisch fördernde Maßnahmen fiskalpolitisch ungeahnte negative Effekte haben. Leitlinien müssen ggf. neu bewertet werden. In dem aufwendigen Prozess der Abstimmung im Rahmen der OMK ist dies jedoch nicht spontan möglich.

Nur eine regelmäßige Jahresplanung, die auf die Beschlussphase eines jährlichen Europäischen Rates – als das zentrale Beschlussgremium der meisten OMK-Prozesse – abgestimmt ist, erscheint hier sinnvoll.

Letztlich läuft dies auf eine stärkere Institutionalisierung der OMK-Prozesse hinaus, die Koordination der Koordination. Die Notwendigkeit zwangsweise stärkerer Koordination der OMK-Prozesse beim Anstieg der Anzahl der OMK-Prozesse zeigt allerdings die durchaus integrative Kraft der Methode wie auch die Übergangstendenzen der Methode vom soft law zum hard law.

Die Koordinierung der verschiedenen OMK-Prozesse, genauer das Abstimmen der Leitlinien der einzelnen OMK-Prozesse aufeinander, wird nicht allein im Rahmen eines Treffens des Europäischen Rates möglich sein. Zweifelhaft ist auch, ob die

---

[237] Kommission der Europäischen Gemeinschaften (2001c), S. 14 (Punkt 4.2).

[238] Kommission der Europäischen Gemeinschaften (2002c), S. 2 (Punkt II. 5).

[239] Goetschy, J. (2003), S. 288.

Kommission die nötigen Koordinierungsvorarbeiten allein übernehmen kann und sollte. Denn wenn die einzelnen Leitlinien unter Beiziehung externer Experten erarbeitet wurden, so sollte dieser Mehrwert nicht dadurch gefährdet werden, dass derartige Experten bei der Koordination der diversen Leitlinien außen vorbleiben. Eine unreflektierte Änderung einzelner Leitlinien im Zuge der Koordination könnte einzelne Leitlinien ihres Sinnes berauben oder gar kontraproduktiv wirken. Die Koordination der Leitlinien sollte damit auch von externen Experten und den beratenden Ausschüssen begleitet werden.

Gleichzeitig muss vermieden werden, das die Erarbeitung von Leitlinien zum Selbstzweck wird. Dies spricht angesichts des aufwendigen und teils schwerfälligen[240] Verfahrens dafür, den Fokus vermehrt auf mittel- und langfristige Ziele zu lenken. Die Kommission schlägt insoweit mittelfristige Planungen vor in denen z.B. trotz jährlichem Charakter grundsätzliche Überarbeitungen der Grundzüge der Wirtschaftpolitik und der beschäftigungspolitischen Leitlinien nur noch alle drei Jahre erfolgen.[241]

Dieses Koordinierungssystem würde auch dem Problem entgegenwirken, dass die Grundzüge der Wirtschaftspolitik andere OMK-Prozesse dominieren, da diese nunmehr in ein Gesamtsystem einfließen müssten.[242]

Die Anfänge einer derartigen Systemänderung sind bereits erfolgt: Die Grundzüge der Wirtschaftspolitik wurden im Jahre 2003 erstmals für einen Dreijahreszeitraum (2003-2005) verabschiedet.[243] Der Vorschlag der Kommission für einen Beschluss des Rates über die Leitlinien für beschäftigungspolitische Maßnahmen der Mitgliedsstaaten 2004 sieht ebenso vor, das die beschäftigungspolitischen Leitlinien nur noch alle drei Jahre komplett überarbeitet werden und sich die Anpassungen in den Jahren dazwischen auf ein Mindestmaß beschränken sollen.[244]

Die Effektivität auch anderer OMK-Prozesse würde erhöht, wenn auch dort eine mittel- bis langfristige Ausrichtung mit entsprechender mehrjähriger Ausgestaltung der Leitlinien Anwendung findet.

---

[240] Bauer, M. / Knöll, R. (2003), S. 35.

[241] Kommission der Europäischen Gemeinschaften (2002e), S. 4 (Punkt II. 10 und II. 11).

[242] Porte, C.D.L. (2002), S. 44.

[243] Rat der Europäischen Union (2003b).

[244] Kommission der Europäischen Gemeinschaften (2004).

9.3 Vorschlag 2: Stärkere Einbindung der Europäischen Organe bzw. der innerstaatlichen Gruppierungen

Die Kommission sieht die Einbindung der Europäischen Organe als wichtig an. So nahm sie in ihre Vorschläge für einen offenen Koordinierungsmechanismus für den Bereich der Migrationspolitik auf, dass das Europäische Parlament, der Wirtschafts- und Sozialausschuss und der Ausschuss der Regionen eng in die Konzipierung und Umsetzung eingebunden werden sollten.[245]

Gleichwohl gibt es bei der Einbindung der EU-Organe im Rahmen diverser OMK-Prozesse erhebliche Defizite. Das Europäische Parlament ist nur sehr wenig in die OMK-Prozesse involviert, der Europäische Gerichtshof (von in der in Kapitel 4.1 beschriebenen Ausnahme abgesehen) überhaupt nicht.[246] Auch weitere Akteure der Gemeinschaftsmethode wie nationale Parlamente, im Falle der Bundesrepublik die Länder und sonstige gesellschaftliche Interessengruppen, die nicht an einem bestimmten OMK-Prozess beteiligt sind, werden bei den OMK-Prozessen weitgehend außen vor gelassen.[247]

Die oben vorgeschlagene gemeinsame Planung aller OMK-Prozesse bedarf einer Abstimmung. Denkbar ist, hier bereits im Abstimmungsprozess das Europäische Parlament maßgeblich einzubinden. Die Leitlinien, soweit sie auch wissenschaftlich fundiert sein mögen, geben auch eine politische Richtung wieder.

Sucht man nach einem breiten Forum, dass die Abstimmung der einzelnen OMK-Prozesse und eine politische Ausrichtung verbindet, so wären es auf nationaler Ebene – auf der sich die OMK-Prozesse allerdings nicht allein bewegen - sicherlich die Parlamente, die als das geeignete Forum erschienen.

Es ist derzeit noch nicht recht vorstellbar, dass dem europäischen Parlament diese Rolle auf EU-Ebene vollständig zufallen könnte. Schließlich ist auch die demokratische Legitimation des Parlamentes nur eine eingeschränkte. Infolge der Länderschlüssel haben z.B. einzelne Personengruppen (die Einwohner kleiner Länder) wesentlich mehr Stimmen im Parlament als andere Personengruppen (Einwohner großer Länder). So ist es nicht verwunderlich, das Wahlen zum Europäischen Parlament häufig eher eine spontane Reaktion auf nationale Politiken sind,[248] als von einem europäischen Gedanken getragene Wahlentscheidungen.

Gleichwohl erscheint es angezeigt – gerade vor dem Hintergrund der zunehmenden Bedeutung der OMK-Prozesse – dem Europäischen Parlament über das Leitlinien-

---

[245] Kommission der Europäischen Gemeinschaften (2001c), S. 15 (Punkt 4.3).

[246] Mandl, U. (2003), S. 27.

[247] Bauer, M. / Knöll, R. (2003), S. 36.

[248] Mandl, U. (2003), S. 31.

Gesamtpaket, das oben angedacht wurde, eine erhebliche Mitentscheidungskompetenz zuzubilligen.

Das Mitentscheidungsverfahren nach Art 251 EGV könnte hierfür ein Muster sein. Es bietet dem Europäischen Parlament die Möglichkeit den Rat zur einstimmigen Entscheidung zu zwingen, sollte es gegen die Vorschläge erhebliche Bedenken haben. Allerdings muss das Verfahren angesichts der jährlichen Überprüfung der Leitlinien für die Anwendung in den OMK-Prozessen zeitlich gestrafft werden, um die OMK-Prozesse nicht zu behindern.

Die Einbindung des Europäischen Parlamentes in die laufende OMK-Arbeit würde die OMK-Prozesse stärker demokratisch legitimieren, das Europäische Parlament aufwerten, es aber auch gleichzeitig mehr in die Pflicht nehmen. Populäre Visionen, deren Durchsetzbarkeit mehr als fraglich sind, lassen sich vom Parlament derzeit leichter Vorbringen, da es quasi in der Rolle der ewigen Opposition steht.[249] Eine Einbindung in die OMK-Prozesse würde auch hier Lernprozesse und eine Wandlung in ein effektives Arbeitsparlament fördern.

Soweit keine Bereitschaft besteht, die Europäischen Organe stärker einzubinden müssen die nationalen Einrichtungen ein demokratisches Gegengewicht bilden, um den OMK-Prozessen Legitimität zu verschaffen. Eine ersatzweise Annäherung an Formen demokratischer Legitimation können die OMK-Prozesse, will man weiterhin den Einfluss von Kommission und Europäischem Parlament beschränken, nur haben, wenn man die Beteiligung auf der nationalen Ebene sicherstellt. Generell allerdings endet die Organisationsgewalt der EU an der Landesgrenze. Die Verfahrensweisen der innerstaatlichen Demokratie haben die EU bisher nicht interessiert. Die EU nahm nur Bezug auf den Mitgliedsstaat als solchen, nicht auf seine innerstaatliche Organisation.[250] Es müsste für eine demokratische Legitimierung ein Mindestrahmen aufgezeigt werden, der nationale Kräfte unterhalb der Regierungsebene einbindet, so z.B. die obligatorische Anhörung evt. vorhandener Landes- oder Regionalparlamente, soweit ihr Bereich betroffen ist und die Anhörung der betroffenen nationalen Verbände der Sozialpartner, soweit diese nicht schon auf der EU-Ebene eingebunden wurden.

---

[249] Brückner, U. (2002), S. 32.

[250] Bauer, M. / Knöll, R. (2003), S. 37.

54

10 Schlussbetrachtung

Wie oben dargestellt (vgl. Zusammenfassung in Kapitel 9.1) ist die OMK grundsätzlich eine sinnvolle Ergänzung der EU-Verfahren und wurde aus diesem Grunde insbesondere seit dem Europäischen Rat von Lissabon im Jahre 2000 vermehrt eingesetzt.[251] In der zunächst gescheiterten EU-Verfassung sollte ihr Einsatzbereich darüber hinaus sogar erweitert werden. Sie erfüllt eine wichtige Rolle für die weitere Integration der EU in Politik-Bereichen, die für die klassische Gemeinschaftsmethode unzugänglich sind.

Um der Demokratisierung und der weiteren Integration der EU zu dienen müssen allerdings zwei Bereiche geregelt werden (vgl. Kapitel 9.2 und 9.3):

- Die Effizienz der OMK-Prozesse ist zu steigern, in dem alle OMK-Prozesse in eine koordinierte Leitlinienerstellung überführt werden und mittel- bis langfristige Prozesse dominieren.

- Die traditionellen Europäischen Organe, insbesondere Europäisches Parlament und Kommission, müssen vermehrt Kompetenzen in der OMK erhalten.

Nur wenn das System OMK zielgerichtet eingesetzt wird, kann es eine sinnvolle Ergänzung der EU-Verfahren bleiben bzw. in vielen neuen Bereichen werden. Dabei sollte die OMK aber auf die Bereiche beschränkt werden, in denen es die Notwendigkeit des Handelns gibt, aber traditionelle Methoden der Gemeinschaft keine Aussicht auf die Erzielung einer Einigung bieten,[252] Andernfalls kann sich die OMK als Gefahr für Demokratie und Integration der EU auswirken.[253]

---

[251] de Búrca, G. / Zeitlin, J. (2003), S. 1.

[252] de Búrca, G. / Zeitlin, J. (2003), S. 2.

[253] Kommission der Europäischen Gemeinschaften (2001a), S. 29.

11 Anhang

11.1 Literaturverzeichnis

Abbott, K. W. / Snidal, D. (2000), Hard and soft law in International Governance, International Organization, 54 (3), S. 421-456

Artis, M. J. / Lee, N. (1995), The Economics of the European Union, Oxford: Oxford University Press

Ball, S. (2001), The European Employment Strategy: The Will but not the way?, Industrial Law Journal, 30 (4) (Dezember), S. 353-374

Bauer, M. / Knöll, R. (2003), Die Methode der offenen Koordinierung: Zukunft europäischer Politikgestaltung oder schleichende Zentralisierung?, Aus Politik und Zeitgeschichte (Beilage zur Wochenzeitung Das Parlament), Ausgabe 6. Januar 2003, Nr. 1-2/2003, S. 33-38

Begg, I. / Berghman, J. (2002), Introduction: EU social (exclusion) policy revisited?, Journal of European Social Policy ,12 (3) (August), S. 179-194

Berghman, J. / Okma, K. G. (2002), The Method of Open Co-ordination: Open procedures or closed circuit? Social policy making between science and politics, European Journal of Social Security, 4 (4), S. 331-342

Beschäftigungsausschuss (2004), Conclusion of the Employment Committee on the Indicators Group's report on the indicators to be used in the Joint Employment Report, [WWW]http://europa.eu.int/comm/employment_social/employment_strategy/indic/list_from_compendium_jer2002.pdf

Blaschke, D. / Plath, H.-E. (2000), Möglichkeiten und Grenzen des Erkenntnisgewinns durch Evaluation aktiver Arbeitsmarktpolitik, Mitteilungen aus der Arbeitsmarkt- und Berufsforschung, 33 (3), S. 462-482

Borrás, S. / Jacobsson, K. (2004), The open method of co-ordination and new governance patterns in the EU, Journal of European Public Policy, 11 (2) (April), S. 185-208 [WWW] http://eucenter.wisc.edu/OMC/Papers/BorrasJacobssonJEPP.pdf

Brückner, U. (2002), Zusammenspiel im politischen Prozess und Finanzierung der EU, 3. Aufl., Fernstudienagentur des Fachhochschul-Fernstudienverbandes der Länder, Berlin, Brandenburg, Mecklenburg-Vorpommern, Sachsen, Sachsen-Anhalt und Thüringen (FVL) mit Sitz an der Fachhochschule für Technik und Wirtschaft (FHTW), Berlin

de Búrca, G. / Zeitlin, J. (2003), The constitutional challenge of new governance in the European Union, European Law Review, 28 [WWW] http://eucenter.wisc.edu/OMC/Papers/deburca.pdf

de Búrca, G. / Zeitlin, J. (2003), Constitutionalising the Open Method of Coordination: What should the Convention propose?,
[WWW] http://europa.eu.int/futurum/documents/other/oth010203_en.pdf

Däubler, W. (2002), Die Europäische Union als Wirtschafts- und Sozialgemeinschaft *in*. Weidenfeld, W. (Hrsg.), Europa Handbuch, Bonn: Bundeszentrale für politische Bildung S. 477-489

Düll, Nicola (2004), Die lokale Dimension der europäischen Beschäftigungsstrategie stärken: Machbarkeitsstudie Indikatoren für die regionale und soziale Ebene und die Sozialwirtschaft, Kongressvortrag auf dem Seminar Indikatoren und Benchmarking der lokalen Beschäftigungspolitik, Offenbach am Main, 7.-8. Juni 2004

Eberlein, B. / Kerwer, D. (2002), Theorising the New Modes of European Union Governance, European Integration online Papers (EioP), 6 (5) (April),
[WWW] http://eiop.or.at/eiop/

Eichenhöfer, E. (2003), Europäisierung der Alterssicherung, Nachrichten der LVA Hessen, 53 (3) (Mai/Juni), S. 51-56

El-Agraa, A. M. (2001), The European Union: Economics & Policies, 6. Aufl., Harlow: Financial Times/Prentice Hall

Europäischer Gerichtshof (2004), Urteil vom 13.7.2004, Rechtssache C-27/04 (Kommission der Europäischen Gemeinschaften ./. Rat der Europäischen Union)

Europäischer Rat von Essen (1994), Schlussfolgerungen des Vorsitzes [WWW] http://ue.eu.int/ueDocs/cms_Data/docs/pressData/de/ec/SN300-X.DE.htm

Europäischer Rat von Amsterdam (1997), Entschließung des Europäischen Rates über den Stabilitäts- und Wachstumspakt, Amsterdam 1997, Abl. der EU Nr. C 236 vom 2.8.1997, S. 1-3
[WWW] http://europa.eu.int/smartapi/cgi/sga_doc?smartapi!celexapi!prod!CELEXnumdoc&lg=DE&numdoc=31997Y0802(01)&model=guichett

Europäischer Rat von Luxemburg (1997), Sondertagung des Europäischen Rates über Beschäftigungsfragen – Schlussfolgerungen des Vorsitzes,
[WWW] http://ue.eu.int/ueDocs/cms_Data/docs/pressData/de/ec/00300.D7.htm

Europäischer Rat von Tampere (1999), Schlussfolgerungen des Vorsitzes, [WWW] http://ue.eu.int/ueDocs/cms_Data/docs/pressData/de/ec/00200-r1.d9.htm

Europäischer Rat von Lissabon (2000), Schlussfolgerungen des Vorsitzes, [WWW] http://ue.eu.int/ueDocs/cms_Data/docs/pressData/de/ec/00100-r1.d0.htm

Europäischer Rat von Göteborg (2001), Schlussfolgerungen des Vorsitzes, [WWW] http://ue.eu.int/ueDocs/cms_Data/docs/pressData/de/ec/00200-r1.d1.pdf

Europäischer Rat von Stockholm (2001), Schlussfolgerungen des Vorsitzes, [WWW] http://ue.eu.int/ueDocs/cms_Data/docs/pressData/de/ec/ACF191B.html

Europäischer Rat von Barcelona (2002), Schlussfolgerungen des Vorsitzes, [WWW] http://ue.eu.int/ueDocs/cms_Data/docs/pressData/de/ec/71067.pdf

Europäischer Rat von Brüssel (März 2003), Schlussfolgerungen des Vorsitzes, [WWW] http://ue.eu.int/ueDocs/cms_Data/docs/pressData/de/ec/75146.pdf

Europäisches Parlament, Ausschuss für Wirtschaft und Währung (2003), Bericht über die Grundzüge der Wirtschaftspolitik der Mitgliedsstaaten und der Gemeinschaft (im Zeitraum 2003-2005), A5-142/2003 endgültig, [WWW] http://www2.europarl.eu.int/omk/sipade2?PUBREF=-//EP// NONSGML+REPORT+A5-2003-0142+0+DOC+PDF+V0//DE&L=DE&LEVE L=2&NAV=S&LSTDOC=Y

Feldmann, H. (2002), How social is European social policy, International Journal of Social Economics, 29 (7) (Juli), S. 547-574

Finnemore, M. / Troope, S. J. (2001), Alternatives to Legislation: richer views of law and politics, International Organization, 55 (3), S. 743-758

Fuchs, M. (2002), *in* Fuchs, M. (Hrsg.) Kommentar zum Europäischen Sozialrecht, 3. Aufl., Baden Baden: Nomos-Verlagsgesellschaft

Glombik, M. (2004), Alterssicherung nicht nur in Deutschland, Die Rentenversicherung – Organ für den Bundesverband der Rentenberater e.V., 45 (3) (März), S. 47-48

Goetschy, J. (1999), The European Employment Strategy: Genesis and development, European Journal of Industrial Relations, 5 (Juli), S. 117-137

Goetschy, J. (2001), The European employment strategy from Amsterdam to Stockholm: Has it reached its cruising speed?, Industrial Relations Journal, 32 (5), S. 401-418

Goetschy, J. (2003), The European Employment Strategy and the open method of coordination: lessons and perspectives Transfer (Brussels and Antwerp), 9 (2), S. 281-301

Govecor research project (2004), Final report,[WWW] http://www.govecor.org/in tro/GOVECOR_Final_report.pdf

Gusy, I. / Arnold, H. (2002), Die Rechts- und Asylpolitik der Europäischen Union, *in* Weidenfeld, W. (Hrsg.), Europa Handbuch, S. 531-542, Bonn: Bundeszentrale für politische Bildung

Hillenbrand, O. (2002), Die Wirtschafts- und Währungsunion *in* Weidenfeld, W., Europa Handbuch, S. 454-476, Bonn: Bundeszentrale für politische Bildung

Hodson, D. / Mahler, I. (2001), The Open Method as a New Mode of Governance: The case of soft Economic Policy Co-ordination, Journal of Common Market Studies, 39 (4) (November), S. 719-746

Jacobsson, K. / Schmid, H. (2002), The European Employment Strategy at the Crossroads: Contribution to the Evaluation *in* Foden, D. / Magnuson, L. (2003), Five Years Experience of the Luxembourg Employment Strategy, Brüssel: European Trade Union Institute [WWW] www.govecor.org/data/20030606164033_The_EES_at_the_Crossroad.pdf

Jacobsson, K. / Vifell, A. (2003), Integration by Deliberation? On the Role of Com mittees in the Open Method of Coordination, Arbeitspapier für den Workshop: The Forging of Deliberative Supranationalism in the EU, Florenz, 7.-8. Februar 2003 [WWW] www.govecor.org/data/20030129141143_Integration_by_Deliberation_(rev2).pdf

Joussen, F. (2000), Sozialpolitik, Fernstudienagentur des Fachhochschul-Fernstudienverbandes der Länder, Berlin, Brandenburg, Mecklenburg-Vorpommern, Sachsen, Sachsen-Anhalt und Thüringen (FVL) mit Sitz an der Fachhochschule für Technik und Wirtschaft (FHTW), Berlin

Kaiser, R. / Prange, H. (2002), A new concept of deepening European Integration? – The European Research Area and the emerging role of policy coordination in a multi/level governance system, European Integration online Papers (EioP), 6 (18), [WWW] http://eiop.or.at/eiop/

Kommission der Europäischen Gemeinschaften (2000a), Mitteilung der Kommission für ein gemeinsames Asylverfahren und einen einheitlichen Status, KOM (2000) 755 endgültig

Kommission der Europäischen Gemeinschaften (2000b), Mitteilung der Kommission an den Rat und das Europäische Parlament über eine Migrationspolitik der Gemeinschaft, KOM (2000) 757 endgültig

Kommission der Europäischen Gemeinschaften (2001a), Europäisches Regieren – Ein Weißbuch, KOM (2001) 428 endgültig, [WWW] http://europa.eu.int/eur-lex/de/com/cnc/2001/com2001_0428de01.pdf

Kommission der Europäischen Gemeinschaften (2001b), Mitteilung der Kommission an den Rat und das Europäische Parlament über die gemeinsame Asylpolitik – Einführung eines offenen Koordinierungsmechanismus, KOM (2001) 710 endgültig, [WWW] http://www.europa.eu.int/eur-lex/de/com/cnc/2001/com2001_0710de01.pdf

Kommission der Europäischen Gemeinschaften (2001c), Mitteilung der Kommission an den Rat und das Europäische Parlament – Offener Koordinierungsmecha nismus für die Migrationspolitik der Gemeinschaft, KOM (2001) 387 endgültig

[WWW] http://www.europa.eu.int/eur-lex/de/com/pdf/2001/com2001_
0387de01.pdf

Kommission der Europäischen Gemeinschaften (2001d), Mitteilung der Kommission an den Rat, das Europäische Parlament und den Wirtschafts- und Sozialausschuss – Unterstützung nationaler Strategien für zukunftssichere Renten durch
eine integrierte Vorgehensweise, KOM (2001) 362 endgültig [WWW] http://
www.europa.eu.int/eur-lex/de/com/cnc/2001/com2001_0362de01.pdf

Kommission der Europäischen Gemeinschaften (2002a), Beschäftigung in Europa
2002 – Jüngste Tendenzen und Ausblick in die Zukunft, Generaldirektion Beschäftigung und Soziales, [WWW] http://www.europa.eu.int/comm/employ-
ment_social/employment_analysis/eie/2002_de.pdf

Kommission der Europäischen Gemeinschaften (2002b), Konsolidierte Fassung
des Vertrages zur Gründung der Europäischen Gemeinschaft, Amtsblatt der
Europäischen Gemeinschaften, C 325, 24. Dezember 2002, S. 33-184,
[WWW] http://www.europa.eu.int/eur-lex/pri/de/oj/dat/2002/c_325/c_
32520021224de00010184.pdf

Kommission der Europäischen Gemeinschaften (2002c), Konsolidierte Fassung
des Vertrages über die Europäische Union, Amtsblatt der Europäischen Gemeinschaften, C 325, 24. Dezember 2002, S. 5-32, [WWW] http://www.europa.
eu.int/eur-lex/pri/de/oj/dat/2002/c_325/c_32520021224de00010184.pdf

Kommission der Europäischen Gemeinschaften (2002d), Mitteilung der Kommission an den Rat, das Europäische Parlament, den Wirtschafts- und Sozialausschuss und den Ausschuss der Regionen – Fünf Jahre Europäische Beschäftigungsstrategie – eine Bestandsaufnahme, KOM (2002) 416 endgültig,
[WWW] http://europa.eu.int/eur-lex/de/com/cnc/2002/com2002_0416de01.pdf

Kommission der Europäischen Gemeinschaften (2002e), Mitteilung der Kommission zur Straffung der alljährlichen Wirtschafts- und Beschäftigungspolitischen
Koordinierung, KOM (2002) 487 endgültig, [WWW] http://www.europa.eu.int/
eur-lex/de/com/rpt/2002/com2002_0487de01.pdf

Kommission der Europäischen Gemeinschaften (2003a), Generaldirektion Bechäf-
tigung und Soziales, Indicators for monitoring the 2003 Employment Guideli-
nes, [WWW] http://europa.eu.int/comm/employment_social/employment_strat
egy/indic/compendium_jer2002.pdf

Kommission der Europäischen Gemeinschaften (2003b), Mitteilung der Kommission an den Rat, das Europäische Parlament, den Wirtschafts- und Sozialausschuss und den Ausschuss der Regionen: Die Zukunft der Europäischen Be
schäftigungsstrategie (EBS): „Eine Strategie für Vollbeschäftigung und bessere
Arbeitsplätze für alle". KOM (2003) 6 endgültig,
[WWW] http://europa.eu.int/eur-lex/de/com/pdf/2003/com2003_0006de01.pdf

Kommission der Europäischen Gemeinschaften (2003c), Mitteilung der Kommission an den Rat, das Europäische Parlament, den Europäischen Wirtschafts- und Sozialausschuss und den Ausschuss der Regionen über Einwanderung, Integration und Beschäftigung, KOM (2003) 336 endgültig, [WWW] http://www.europa.eu.int/eur-lex/de/com/cnc/2003/com2003_0336de01.pdf

Kommission der Europäischen Gemeinschaften (2004), Vorschlag für einen Beschluss des Rates über die Leitlinien für beschäftigungspolitische Maßnahmen der Mitgliedsstaaten, KOM (2004) 239 endgültig, [WWW] http://europa.eu.int/comm/employment_social/employment_strategy/prop_2004/com_2004_0239_de.pdf

Konferenz der Vertreter der Regierungen der Mitgliedsstaaten (2004), Vertrag über eine Verfassung für Europa, CIG 87/1/04 REV 1 vom 13. Oktober 2004, [WWW] http://www.europa.eu.int/constitution/constitution_de.htm

Maher, I. (2004), Law and the Open Method of Coordination: Towards a new Flexibility in European Policy-Making, Zeitschrift für Staats- und Europawissenschaften, 2 (2), [WWW] http://eucenter.wisc.edu/OMC/Papers/maher.pdf (zitierte Seitenangaben entsprechen denen der Internet-Publikation)

Mandl, U.(2003), European Policy Making: Die offene Methode der Koordinierung als Alternative zur Gemeinschaftsmethode, Working Papers des Bundesministeriums der Finanzen, Wien, [WWW] http://www.bmf.gv.at/service/publikationen/download/workingpapers/wp4_2003.pdf

Mosher, J. S. / Trubek, D. M. (2003), Alternative Approaches to Governance in the EU: EU Social Policy and the European Employment Strategy, Journal of Common Market Studies, 41 (1) (März), S. 63-88

Pelkmann, J. (2001), European Integration: Methods and Economic Analysis, 2. Aufl., Harlow: Prentice Hall

Pochet, P. (2000), Subsidiarity, Social Dialogue and the Open Method of Coordination: The Role of the Trade Unions, Work and Society (Brussels), 32, S. 87-114

Porte, C. D. L. / Pochet, P. / Room, G. J. (2001), Social benchmarking, policy making and new governance in the EU, Journal of European Social Policy, 11 (4) (November), S. 291-307

Porte, C.D.L. (2002), Is the Open Method of Coordination Appropriate for Organising Activities at European Level in Sensitive Policy Areas?, European Law Journal, 8 (1) (März), S. 38-58

Rat der Europäischen Union (2000), Bekämpfung der Armut und der sozialen Ausgrenzung – Festlegung von geeigneten Zielen, 14110/00 SOC 470 vom 30. November 2000, [WWW] http://europa.eu.int/comm/employment_social/soc-prot/soc-incl/approb_de.pdf

Rat der Europäischen Union (2002), Bekämpfung der Armut und der sozialen Ausgrenzung Gemeinsame Ziele für die zweite Runde der nationalen Aktions pläne - Billigung, 14164/1/02 SOC 508 vom 25. November 2002, [WWW] http://europa.eu.int/comm/employment_social/soc-prot/soc-incl/counciltext_de.pdf

Rat der Europäischen Union (2003a), Beschluss des Rates vom 22. Juli 2003 über die Leitlinien für beschäftigungspolitische Maßnahmen der Mitgliedsstaaten, Abl. der EU Nr. L 197 vom 5.8.2003, S. 13-21, [WWW] http://europa.eu.int/eurlex/pri/de/oj/dat/2003/l_197/l_19720030805de00130021.pdf

Rat der Europäischen Union (2003b), Empfehlung des Rates vom 26. Juni 2003 zu den Grundzügen der Wirtschaftspolitik der Mitgliedsstaaten und der Gemeinschaft (Zeitraum 2003-2005), Abl. der Europäischen Union Nr. L 195 vom 1.8.2003, S. 1-54, [WWW] http://europa.eu.int/eurlex/pri/de/oj/dat/2003/l_195/l_19520030801de00010054.pdf

Rat der Europäischen Union (2003c), Entwurf eines gemeinsamen Berichtes der Kommission und des Rates über angemessene und nachhaltige Renten, 6527/2/03 REV 2 vom 3. März 2003, [WWW] http://register.consilium.eu.int/pdf/de/03/st06/st06527-re02de03.pdf

Rat der Europäischen Union (2004), Gemeinsamer Bericht der Kommission und des Rates über die soziale Eingliederung, 7101/04 SOC 115, 5. März 2004, [WWW] http://www.europa.eu.int/comm/employment_social/soc-prot/soc-incl/final_joint_inclusion_report_2003_de.pdf

Regent, S. (2003), The Open Method of Coordination: A New Supranational Form of Governance?, European Law Journal, 9 (2) (April), S. 190-214

Schäfer, A. (2004), Beyond the Community Method: Why the Open Method of Coordination was introduced to EU Policy-making, European Integration online Papers (EioP), 8 (13), [WWW] http://eiop.or.at/eiop/

Scharpf, F. W. (2002), The European Social Model: Coping with the Challenges of Diversity, Journal of Common Market Studies, 40 (4) (November), S. 645-670

Schill, W. (2003), *in* Lenz, C. / Borchardt, K.D., EU- und EG-Vertrag, 3. Aufl., Köln: Bundesanzeiger Verlagsgesellschaft

Schmidt, C. M. (2000), Arbeitsmarktpolitische Maßnahmen und ihre Evaluierung: Eine Bestandsaufnahme, Vierteljahreshefte zur Wirtschaftsforschung, S. 425-437

Scott, J. /Trubek, D. M. (2002), Mind the gap: Law and new approaches to governance in the European Union, European Law Journal, 8 (1), S. 1-18 [WWW] http://eucenter.wisc.edu/OMC/Papers/EUC/scotttrubek.pdf

Seyfried, E. / Jaedicke, W. (2000), ESF Programmevaluierung auf Bundes- und

Länderebene - Umsetzungsverfahren, Problemfelder und Weiterentwicklungen, in: Ministerium für Arbeit, Soziales, Gesundheit und Frauen of the Land Brandenburg, Evaluierung der Arbeitsmarktpolitik aus Ländersicht – Konzepte, Möglichkeiten und Grenzen der politikberatenden Wirkungsforschung, Potsdam, S. 43-50

Trubek, D. M. (2002), The Open Method of Coordination: Soft law in the New Architecture for Governance of Social Policy in the EU, [WWW] http://www.wisc.edu/wage/about/dtrubek/dtpubs/dt_omcsoftlaw.pdf

Tsoukalis, L. (1997), The new European economy revisited, 3. Aufl., Oxford: Oxford University Press

Tucker, C. M (2003), The Lisbon Strategy and the Open Method of Coordination: A New Vision and the Revolutionary Potential of Soft Governance in the European Union, Conference paper for the 2003 Annual Meeting of the American Political Science Association, August 28 – August 31 2003, [WWW] http://www.govecor.org/data/20040106110433_Tucker_OMC_APSA.pdf

Verordnung (EWG) Nr. 561/58 über die soziale Sicherheit der Wanderarbeitnehmer, Abl. der EWG v. 16.12.1958

Verordnung (EWG) Nr. 1408/71 des Rates vom 14. Juli 1971 zur Anwendung der Systeme der sozialen Sicherheit auf Arbeitnehmer und deren Familien, die innerhalb der Gemeinschaft zu- und abwandern, Abl. der EWG Nr. L 149 v. 5.7.1971, S. 2-50 [WWW] http://europa.eu.int/smartapi/cgi/sga_doc?smartapi!celexapi!prod!CELEXnumdoc&lg=DE&numdoc=31971R1408&model=guichett

Verordnung (EWG) Nr. 574/72 des Rates vom 21. März 1972 über die Durchführung der VO (EWG) Nr. 1408/71 zur Anwendung der Systeme der sozialen Sicherheit auf Arbeitnehmer und deren Familien, die innerhalb der Gemeinschaft zu- und abwandern, Abl. der EWG Nr. L 74 v. 27.3.1972, S. 1-83 [WWW] http://europa.eu.int/smartapi/cgi/sga_doc?smartapi!celexapi!prod!CELEXnumdoc&lg=DE&numdoc=31972R0574&model=guichett

Wessels, W / Linsenmann, I. (2002) Die offene(n) Methode(n) der Koordinierung (OMC), Beitrag zur Sitzung des Expertenrates Konvent am 19. April 2002, Staatskanzlei des Landes Nordrhein-Westfalen [WWW] http://www.uni-koeln.de/wiso-fak/powi/wessels/DE/PUBLIKATIONEN/texte/koordinierung.pdf [WWW] http://www.govecor.org/data/20020701165634_Die%20offene%20Methode%20der%20Koordinierung.pdf

Wirtschafts- und Sozialausschuss (2002), Stellungnahme des Wirtschafts- und Sozialausschusses zu der „Mitteilung der Kommission an den Rat und das Europäische Parlament – Offener Koordinierungsmechanismus für die Migrationspolitik der Gemeinschaft" und der „Mitteilung der Kommission an den Rat und das Europäische Parlament über eine gemeinsame Asylpolitik – Einführung eines offenen Koordinierungsmechanismus", Abl. der EG, Ausgabe C 221 v. 17.9.2002, S. 49-53

Wissenschaftszentrum Berlin für Sozialforschung (2001), Forschungsschwerpunkt Arbeitsmarkt und Beschäftigung, MBO – Praxis und Verbreitung, WZB Mitteilungen, Nr.94, S. 10-14, [WWW] http://www.wz-berlin.de/publikation/pdf/ wm94/wzb-heft-94.pdf

Wollmann, H. (2002), Verwaltungspolitik und Evaluierung – Ansätze, Phasen und Beispiele im Ausland und in Deutschland, Zeitschrift für Evaluation, S. 75-99

Zängle, M. (2004), The European benchmarking experience. From euphoria to fatigue?, European Integration online Papers (EioP), 8 (5), [WWW] http://eiop.or.at/eiop/

Zeitlin, J. (2005a), Introduction: The Open Method of Coordination in Question *in* Zeitlin, J. / Pochet, P. / Manusson, L. (Hrsg.) The Open Method of Coordination in Action: The European Employment and Social Inclusion Strategies, P.I.E.-Peter Lang [WWW] http://eucenter.wisc.edu/OMC/Papers/EUC/ JZPP/introduction.pdf

Zeitlin, J. (2005b), Conclusion: The Open Method of Coordination in Action: Theoretical Promise, Empirical Realities, Reform Strategy *in* Zeitlin, J. / Pochet, P. / Manusson, L. (Hrsg.) The Open Method of Coordination in Action: The European Employment and Social Inclusion Strategies, P.I.E.-Peter Lang [WWW] http://eucenter.wisc.edu/OMC/Papers/EUC/JZPP/conclusion.pdf

11.2 Abkürzungen

Coreper	Ausschuss der ständigen Vertreter der Mitgliedsstaaten
EBS	Europäische Beschäftigungsstrategie
Ecofin-Rat	Rat der Wirtschafts- und Finanzminister
EG	Europäische Gemeinschaft
EGV	Vertrag zur Gründung der Europäischen Gemeinschaft
EU	Europäische Union
EUV	Vertrag über die Europäische Union
OECD	Organisation für wirtschaftliche Zusammenarbeit und Entwicklung
OMK	Offene Methode der Koordinierung
WWU	Wirtschafts- und Währungsunion